不吼不叫，
培养优秀女孩

刘思瑾 编著

北方文艺出版社

2022年·哈尔滨

图书在版编目（CIP）数据

正面管教：不吼不叫，培养优秀女孩 / 刘思瑾编著. -- 哈尔滨：北方文艺出版社，2022.1
ISBN 978-7-5317-5342-1

Ⅰ. ①正… Ⅱ. ①刘… Ⅲ. ①女性 - 家庭教育 Ⅳ. ① G78

中国版本图书馆 CIP 数据核字 (2021) 第 190552 号

正面管教：不吼不叫，培养优秀女孩
ZHENGMIAN GUANJIAO:BUHOU-BUJIAO PEIYANG YOUXIU NÜHAI

作　者 / 刘思瑾	
责任编辑 / 滕　蕾	封面设计 / 深圳·弘艺文化
出版发行 / 北方文艺出版社	邮　编 / 150008
发行电话 / (0451) 86825533	经　销 / 新华书店
地　址 / 哈尔滨市南岗区宣庆小区 1 号楼	网　址 / www.bfwy.com
印　刷 / 哈尔滨午阳印刷有限公司	开　本 / 880mm×1230mm　1/32
字　数 / 118 千	印　张 / 6
版　次 / 2022 年 1 月第 1 版	印　次 / 2022 年 1 月第 1 次印刷
书　号 / 978-7-5317-5342-1	定　价 / 42.00 元

前言

"女儿是爸妈的贴心小棉袄。"——说起女孩，很多父母的心里都不由得涌起别样的温情与柔软。女孩之所以成为女孩，是因为她与男孩有着本质的区别，她们普遍温柔、敏感、胆小、柔弱，但她们对父母的关心、照顾、理解和帮助以及情感上的交融，是男孩所办不到的。而父母们也无法忽略她们专属于自己的别样天赋，例如，能言善辩、心灵手巧、善解人意等，父母们为拥有这样一个小人儿而感到暖心。

然而，现在女孩们的生存空间正变得更加复杂和危机重重，"早恋""网恋""性骚扰"……无时无刻不在困扰着父母。父母对女儿的教育总是忧虑重重。有很多父母对女儿这个"小棉袄"总是情不自禁地娇宠，几乎有求必应。然而这样毫无原则的爱，对女孩而言，根本不是爱，而是害，使她们成了刁蛮无礼、任性妄为的女孩。有的父母又一味强调"男女平等"，对女孩非打即骂，要培养女孩的"狼性"，避免长大后被欺负，结果适得其反，让女孩失去了女性的特质，甚至导致心理畸形。蒙台梭利博士说："每种性格缺陷都是由儿童早期经受的某种错误对待造成的。" 打骂的方式绝不可能让孩子健康成长，只能让孩子的心理扭曲。一个心理有缺陷的人，远比一个生理有缺陷的人更糟糕，而且更可怕。

父母都希望自己的女儿可以健康快乐地成长，成为一个有主见、能保护自己，并且性格开朗的幸福女人。真正理智的父母不会无原则地迁就和满足女儿，而是恩威并济，给予女儿真正的关爱和指导，与女儿有效地沟通，做和善且坚定的教育者。这样既可以避免因为自己过于严苛而给女儿造成伤害，也会因为坚持原则使得女儿能够有规矩，懂礼仪，感知人情冷暖，对世界心怀感恩。

与男孩的管教方式不同，女孩需要更多的陪伴和呵护。研究表明，很多女孩之所以长大之后依然缺乏安全感，就是因为从小没有在家庭中得到过安全感，尤其是没有从爸爸那里得到安全感。因此，父母从小就要给女孩营造良好的成长环境和氛围，给女孩更多的陪伴、关爱和呵护，少点"惯养"，多点"精养"和"乐养"，培养女孩积极乐观的性格，让她一生拥有安全感和自信心。

本书结合现代教育中先进的教育理念，列举了多种正面管教孩子的有效方法，改变了传统的说教、溺爱、打骂批评、娇惯等种种不当的教育方式，强调了合理而科学的正面管教方案给孩子带来的益处，规避了父母在家庭教育中常犯的管教错误。相信父母们都能通过本书提供的正面管教方法，不用打、不用骂，培养出独立自信、坚强乐观、富有主见的优秀女孩。

目录

第一章
言传身教，父母是女孩成长的好榜样

003	第一节 了解女孩成长的三个阶段
003	0~6岁，女孩幸福人生的奠基石
004	7~12岁，提升女孩各项能力的关键期
006	13~16岁，关注女孩的青春期成长
008	第二节 父母的性格和言行举止对女孩的影响
008	父母是女孩最早的老师
010	母亲，做女孩最优质的偶像
013	父亲，为女孩做好人生的路标

第二章
养育女孩，父母不可不知的教育艺术

017	第一节 打造女孩的超凡气质
017	教女孩认识美、爱好美和创造美

021	气质美来源于文明礼仪
023	让女孩成为情绪的主人
025	举手投足间培养女孩的淑女气质

027　第二节　培养女孩的优秀品格

027	立品修德，女孩的品格教育要趁早
029	孝顺长辈，优秀女孩必不可少的品质
030	诚实守信，彰显女孩的优秀品格
034	拥有责任感，让女孩更优秀

036　第三节　人无志不立，培养好好学习的女孩

036	让女孩正确对待考试成绩
039	不拿别人家的孩子来教育自己的孩子
043	兴趣是最好的老师，激发女孩的学习兴趣
046	自学能力，比任何教育方法都有效
048	轻松让女孩爱上阅读
053	让女孩理性面对学习上的挫折

058　第四节　好习惯是女孩一生用不尽的财富

058	有毅力才能成功，做事情绝不半途而废
061	细心认真，不做粗枝大叶的"小马虎"
064	帮助她树立节俭是美德的观念
067	帮助她树立正确的金钱观

070	第五节 女孩，要学会保护自己
070	女孩要知道的基本户外避险常识
075	从小学习火灾安全逃生技能
080	增强女孩的自我保护意识
083	保证女孩健康，懂些食品安全知识
089	女孩成长必修课，教她们警惕"性骚扰"
093	如何与青春期叛逆女孩沟通交流

第三章
女孩成长过程中经常出现的问题及解决方法

099	女孩做错事后拒不认错怎么办
104	女孩爱说谎，如何及时纠正
108	女孩缺乏责任感怎么教
112	如何克服女孩的恐惧心理
115	女孩变得胆小怕事该怎么做
118	女孩太害羞了，见到陌生人就不敢说话怎么办
123	女孩出现"偷窃"的坏毛病，如何纠正
126	"网瘾女孩"怎么管教
129	女孩总做干扰或烦人的行为怎么办
131	女孩不愿意分享玩具就是自私吗

- 134　懒惰的女孩怎么教
- 136　伤心欲绝的幼儿园之旅，如何应对
- 138　不打不骂，如何解决女孩哭闹的问题
- 141　爱顶嘴的女孩如何引导
- 144　女孩爱尿床怎么办
- 147　别让孩子形成"手机依赖症"
- 150　女孩爱发脾气，动不动就噘个嘴，父母怎么办
- 154　女孩厌食、挑食，父母怎么做
- 155　女孩突然喜欢赖床，父母怎么办
- 159　女孩就不爱做作业，拿她怎么办
- 162　带着女孩去旅行
- 164　女孩注意力不集中，怎么办
- 168　毫无性别意识的女孩如何引导
- 171　虚荣攀比的女孩怎么教
- 174　如何引导青春期女孩树立正确的审美观
- 176　女孩"早恋"，父母怎么办
- 180　如何教女孩把握好与异性交往的"度"
- 182　女孩遭遇校园暴力时如何应对

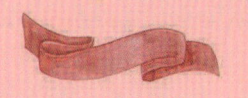

CHAPTER 01
第一章

言传身教，
父母是女孩成长的好榜样

"女儿是爸妈的贴心小棉袄",是一种比喻,是父母和女儿密切关系的高度概括,形象地诠释了女儿对父母的关心、照顾、理解和帮助以及情感上的交融,是儿子所办不到的,因为女儿心思细腻、感情丰富、温柔体贴。同时,女儿又天性敏感,更渴望得到父母的爱和关注。

第一节 了解女孩成长的三个阶段

一般来讲，女孩的成长分为三个阶段，每个阶段都有每个阶段的特征。父母对待女孩的不同阶段，应该运用不同的方法。

0~6岁，女孩幸福人生的奠基石

当女孩还没出生，18周大的时候，她所有的脑细胞就开始生长了。她的大脑跟男孩一样，分为大脑皮层、边缘系统和脑干三个部分，并且沐浴在荷尔蒙中。但是也有不同的地方：女孩的荷尔蒙主要是雌性激素和孕激素，男孩的荷尔蒙却主要是睾丸激素和血清素。

女性荷尔蒙通过连接大脑里的细胞受体来告诉体内成千上万个细胞该做什么。它们在女孩出生以前就为她规划了以后的蓝图，但是起到明显的作用还是在青春期以后。事实上，在女孩出生到7岁的这段时间，主要是脑垂体的生长素在起作用，这使得女孩的身体发育和男孩基本相似。但是，这种相似只是出现在身体表面。大脑生理学家们发现，此时女孩的大脑正在从右半球以比男孩更快的速度向左半球发育，她们的额叶比男孩更活跃，颞叶上的神经连接比男孩更强，顶叶比男孩接收更多的数据，枕叶比男孩发育得更快速……正是这些不同造就了女孩的天赋。

无论如何，这一阶段是女孩身体变强的时期，也是她们的心理奠定期、精神奠基期和人格形成期。她们要学会走路、说话、思维、表达自己的意愿，为今后的发展奠定了身体、社会和情感的基础。她们遵循着自己的发展方向，开始寻求各种联系。她们开始学会以一种符合她们年龄的方式去关心别人，同时也希望获得别人的关心。她从父母的身上学会了处理自己与他人的关系，并把注意力渐渐扩展到周围的环境。

7~12岁，提升女孩各项能力的关键期

7~12岁的女孩，开始从梦幻般的世界里走出来，惊喜地发现自己是一个独立的存在。这时候，她的大脑额叶生长速度几乎和婴儿期一样快，这使她能更好地学会新技术、吸收新观点、掌握新的能力去思考和争论。她是生机勃勃的，她不再害怕分离和孤独，而是迫切地想要跟这个世界建立联系。

这一阶段，父亲的作用是特别的。一个合格的父亲会成为女孩心目中的英雄。女孩渴望受到父亲的关注，并希望自己能够符合父亲的期望。如果父亲过于严厉、专制、冷漠，女孩就会感到失望；而拥有开放心态、愿意同女孩分享情感的父亲会使女儿更坚强、更有竞争力、更少神经质，并且像鲜花一样绽放。

第一章
言传身教，父母是女孩成长的好榜样

而母亲在这个时候可能会感到失望。因为女孩不再像以前那样听话，她不愿意做家务，不再与母亲保持亲密的关系；她像男孩子一样热衷于探索世界，甚至还带有一些阳刚之气，她开始在亲近父亲的同时，有意无意地与母亲疏远。然而当女孩遭遇挫折时，母亲仍然是她的感情支持——如果母女关系一开始就呈现健康的状态，这一点永远都不会变。

这可能是女孩的最佳时期。所有的事情都是新鲜的，精彩的世界在召唤着她。它们将在女孩今后的人生中留下深刻的印记。这一时期女孩所经历的关系、亲情、体育运动、美术和音乐活动以及学习到的一些理论知识会在她以后的生活中保持，而这个时期没有经历过一些事情，以后做不好是很可能的。

但是事情也有糟糕的一面。这一时期，女孩的荷尔蒙开始"作祟"，使得她很容易从自信的高处跌落下来。那些不为成人察觉的精神创伤可能会让女孩做噩

梦，并给她带来难以弥补的恶劣影响。父母必须指导女孩，让她们信任自己内心的声音和思考的能力。

13~16岁，关注女孩的青春期成长

在这一阶段，我们的可爱女孩进入了青春期。于是突然之间，父母发现曾经那么活泼开朗的女儿变得闷闷不乐、喜怒无常、神神秘秘、情绪波动大，还有一些自恋。那个甜蜜的小公主变得刁蛮任性，成了家里"最难对付"的人。她有一颗脆弱而骄傲的心：一方面表现出强烈的自尊，为一点小事就感觉受到伤害；一方面又经常陷入矛盾中，举棋不定，还容易受到外界的影响。

很少有父母能够清晰地回忆起自己那段混乱、迷茫的青春期。也很少有人敢说，他在那个时候非常幸福。甚至，当我们经过岁月的洗礼而拥有成熟的思维后，都在试图同那段岁月中所弥漫的不安感觉保持距离。然而，我们的女孩正在经历我们试图要忘掉或粉饰的一切，她们的心里充满了疑问：为什么我的身体会有变化？我会变得难看吗？我会变胖吗？别人会怎么看我？我应该怎么办？我应该说出心里话吗？这会不会打乱我的关系？他们喜欢我吗？

月经初潮是女孩的成人仪式。在美国，女孩月经初潮的平均年龄是12.5岁。今天，中国女孩的平均初潮年龄则是13岁左右，但相当一部分十一二岁就来了。这标志着女孩告别童年时

第一章 言传身教，父母是女孩成长的好榜样

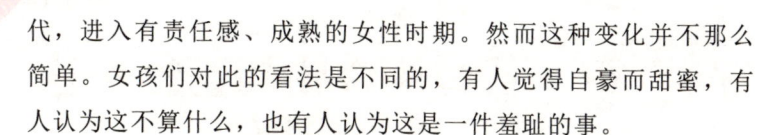

代，进入有责任感、成熟的女性时期。然而这种变化并不那么简单。女孩们对此的看法是不同的，有人觉得自豪而甜蜜，有人认为这不算什么，也有人认为这是一件羞耻的事。

与月经初潮如影随形的是女孩的第二性征的出现。这时，女孩发现自己有了玲珑的身体曲线，她的胸部开始发育了。最早发育的女孩往往会成为男孩子们取笑的对象，而晚发育的女孩则会失去向同伴倾诉的机会。女孩们更关注的问题是：我的曲线会不会露出来？这会让我难堪吗？我该不该买一套文胸？还有一些女孩因为担心自己会变得太胖而出现饮食危机。

第二节 父母的性格和言行举止对女孩的影响

父母是女孩最早的老师

孩子是父母的一面镜子,父母是孩子的第一任老师。父母的一言一行,孩子每时每刻都在不断地效仿,身教比言教在家庭教育中更具有决定性的影响。只有修养高的父母,才能培养出有内涵、有素质的孩子。所以,要想培养出高情商的孩子,父母就要从自己做起,做好表率,这样孩子才会受到熏陶和感染,朝着健康的方向发展。

培养孩子的说话能力

口语是社会生活的"入场券",交际能力的核心其实就是说话能力。会说,说得巧,答得妙,交际成功的可能性自然就大;而不会说,说不好,又怎么与人顺畅交往呢?在培养孩子的说话能力方面,父母除了在日常生活中多鼓励孩子发表自己的观点、在课堂上积极发言外,还可以鼓励孩子参加演讲比赛,既提高了孩子的语言表达能力,又锻炼了孩子的胆量,同时,还能培养孩子观察问题、分析问题的能力。

教会孩子学习

从小培养孩子学习的好习惯很重要，在孩子的每一个年龄阶段，可以给他们买适合的书看，增长他们的见识和阅读量。父母也是孩子最好的榜样，平时父母多读一些书，能给孩子起到一个好的模范作用。学习很重要，让孩子多读几本书，不只是阅读量增长了，孩子的性格、观念都会随之有好的变化。

教他们做家务

当孩子们长到一定年龄时，就要教会他们做家务，并且要分给他们任务。做家务不只是简单地减轻父母的负担，更重要的是让孩子体验生活，让他们明白怎样打理好个人的生活，锻炼了他们的责任感和担当感。

让孩子有教养

现在的"熊孩子"很多，"熊孩子"不可怕，可怕的是父母也"熊"。当一个孩子在公共场合无理取闹、影响别人的时候，父母如果不多加管教，孩子以后的人生可能就会走向歪路。教养很重要，一个简单的动作有时候就能体现一个人的成长环境和素质教养。父母告诉孩子在做错事的时候向别人道歉，受了帮助的时候要说"谢谢"。父母最重要的就是教会孩子做一个有素质、有礼貌的人，简单的"谢谢""对不起"，都是帮助孩子成长的最好教育。

告诉孩子要接纳不同

孩子还小，当他们看到和自己不同肤色、不同外表的人的时候，他们或许会疑惑，但是父母一定要告诉他们，每个人虽然都不相同，但是都是平等的。如果遇到身负残疾的人，父母更要告诉孩子，多帮助这些人，而不是用奇怪的眼光打量甚至避开，让孩子做一个有爱心的人。同样的，孩子能接受了外表上的不同，以后在为人处世的时候，也能很好地与人沟通，能接纳别人不一样的看法和建议。

杜绝孩子撒谎

很多孩子都会犯一些小小的错误，比如，生活中打碎花瓶，有些父母就会责罚，导致孩子可能下次犯错的时候就会撒谎。一个小小的谎言，看上去不是很重要，但久而久之，谎言说多了，孩子们会形成习惯，以后可能撒下弥天大谎。父母要学会在孩子们犯错的时候教会他们如何反思和改正，而不是一味责罚。当孩子撒谎的时候，一定要纠正他们，说谎比犯错还可耻。

父母在孩子很小的时候就培养他们的好习惯、好性格，会让他们向正确的方向成长。父母也要时刻记住，自己就是孩子的第一任老师，管束好自己的言行，给孩子做最好的榜样。

母亲，做女孩最优质的偶像

母亲是女儿在这个世界上接触得最多的一位女性，尤其是在

第一章
言传身教,父母是女孩成长的好榜样

女孩的婴幼儿时期和青少年时期,母亲的性格和品行,对女儿将来的健康性格和良好品行的形成有着极为重要的影响。一位称职的母亲一定要为自己的女儿树立四个方面的榜样,做女儿最优质的偶像。

善良

一个善良的女人一定会爱自己的丈夫、善待家里的老人、疼爱自己的孩子,对朋友忠诚,对同事照顾,即便是对待素不相识的陌生人也能做到热心和尊重。善良的女人在生活中往往都会与人为善,会用一颗包容的心对待生活中遇到的各种问题,这样的人其实心态会很好,不容易被生活中的挫折打败。与人为善并不是遇到霸权任人欺负,而是懂得用爱和宽容来处理问题,知道生活中很多事是可以通过"温和"的办法来解决的。

如果一个女人具备了"善良"这一品质,她一定很自然地拥有对于女人来说非常重要的一项气质,就是"温柔"。"温柔"真的是一个女人由内而发的优美气质,一个真正温柔的女人,无论长相如何、身材如何、其他外在条件如何,与人相处都会给人如沐春风的感觉,将来在社会上人缘会很好。一位善良温柔的母亲能身体力行地教会自己的女儿,用爱去对待这个世界,这个世界回报你的自然是更多的爱。

独立

独立对于一个女人的一生来说，意味着即便在没有他人可以依靠的情况下也能物质丰富、健康快乐地生活。说到独立就不得不谈到另一个重要问题，就是教育，对孩子来说就是学习了。如果条件允许的话，女孩子一定要多读书，不仅要多读书，而且要争取高学历，学历高对于一个女孩子来说只会利大于弊。所以，作为母亲，也一样要严格要求自己，如果本身没有高学历、好工作的话，那就尽量培养自己喜欢读书的兴趣爱好。对于小女孩来说，母亲是她在这个世界上接触最早也最久的女性，母亲自己是什么样的，基本就是在告诉女儿"女人应该是什么样的"。

自尊自爱

一个自尊自爱的女人，既不会伤害自己也不会伤害他人，既不会轻视自己也不会轻视他人。这对于女孩子的社交来说是一个重大的加分项，有利于其开拓人脉而不用担心来自其他女人的猜忌。一个自尊自爱的女人，懂得在社交中和男性保持该保持的距离。而这些，如果能通过母亲自身展示给女儿，那对女儿的影响才是最深刻的。

乐观

乐观心态可以帮助人在遇到难关的时候重拾信心，可以让人更加坚强勇敢。人生的旅途漫长而曲折，总会遇到很多困难。对于天性柔弱的女性来说，积极乐观的心态就像安定剂一样，可以迅速让自己冷静下来，沉着应对，并且不因失败而气馁。

父亲，为女孩做好人生的路标

美国的James Dobson（詹姆斯·多布森）博士在 Bringing Up Girls（《养育女孩》）一书里说：女孩子从小强烈需要来自父亲的认可，这是她们自信的源泉。同时，父亲如何看女儿、如何表达爱意，会影响到女孩女性特质的形成以及和男孩如何相处。

女孩子和父亲的关系是她和男性的重要的最初关联。女孩想获得关注的第一位男性就是父亲，他是女孩第一个亲吻的男性，他是称赞"你是世界上最特殊的女孩子"的第一位男性。和父亲的这些体验对女孩子形成女性气质是至关重要的。那么，父亲该怎样陪伴女孩呢？

多花些时间陪女儿

父亲通常是家中最忙碌的角色，有时为了工作、家庭，他留给孩子的时间只能是少之又少，但父亲要知道：女儿的教育永远比事业更重要。所以，父亲应该多花些时间陪在女儿的身边，并且良性介入女儿的生活、学习，乃至心灵中去。

成为女儿人生正面的"参照标准"

父亲在女儿心中通常是"英雄式"人物,而且大多是正面的印象,比如,爱家、有责任心、能干、性格刚毅、幽默风趣、果断干练等。当然,女孩的这种良性认知会让她对异性产生好感。但如果父亲给女儿留下的是懒散、不务正业、酗酒成性、不负责任、粗暴、没教养等印象,那女孩便会对异性产生排斥心理,自然对婚姻也会保持消极观念,降低自己对异性的期望值,严重者会心理扭曲,造成令人惋惜的悲惨后果。父亲要真正成为女儿人生正面的"参照标准",给她一个健康、明亮的天空。

成为女儿"最坚强的后盾"

女孩注重人与人之间的关系,但成长过程中难免会遇到人际交往中的各种问题,处理不慎的话,就会怀疑自己,怀疑人与人之间的感情。而来自父亲的支持和肯定,会让她重新审视自己,换一个角度看待问题,变得理智、自信和坚强。

成为女儿"最好的朋友"

要成为女儿的朋友并不难。首先,父亲要调整自己的心理,把自己的威严降低,同时大幅提高在女儿心中的地位,真正用一个成熟男性的理性、睿智、宽容和慈爱来打动女儿的心;其次,父亲要不断地和女儿进行真诚有效的沟通,尊重和信任自己的女儿,用鼓励和肯定来奠定自己在女儿心中的位置。

CHAPTER 02
第二章

养育女孩，父母不可不知的教育艺术

女孩子需要爱护但不能娇惯,因为父母娇惯女孩,会对她的生活、学习带来很不好的影响,甚至会影响她价值观的确立及将来在社会上的发展。没有父母不爱自己的女儿,但是爱孩子需要理智和宽容,更需要尊重,父母要接受女孩成长中遇到的种种问题,并做出正确的引导,而不是一味地纵容、毫无原则地娇惯女孩,娇惯只会让孩子越来越自私、任性、骄横,最终害了她。

第一节 打造女孩的超凡气质

教女孩认识美、爱好美和创造美

著名教育家蔡元培先生曾说:"美育是最重要、最基础的人生观教育。"可见美育在育儿方面的重要意义和独特作用。而谈到美育,相信父母也都不会陌生。作为"现代化"的父母,更是早已意识到美育教育的重要性。

日常生活中对孩子的美育教育更重要、更基础的,则是在原生家庭环境耳濡目染下,伴随孩子一生的日常习惯和行为素养。

日常生活中的美育

首先,注重行为规范的美。父母在日常生活的点滴小事中时刻注意遵守社会公德,例如,过马路不闯红灯,开车礼让行人,候车有序排队,不乱扔垃圾,爱护公物等等,都是在给孩子传递正能量的信息,树立榜样。

其次,注重语言表达的美。作为父母,日常生活中就不能口不择言,很多成人世界里的通俗俚语,如果涉及不文明的字眼,也就不能再说了。尤其是正处于语言敏感期的幼儿,模仿能力极强，如果您不想让自己的宝宝出口成"脏"，那就首先应该严格要求自己，注意日常文明用语。

第三，注重外表形象的美。有的父母认为"女孩子关注穿衣打扮，肯定影响学习成绩"。其实，在物质条件允许的情况下，注重自己的外表形象，得体地穿衣打扮，是身处社交场合必要的礼仪，不仅能够让自己"赏心"，也能让别人"悦目"。更重要的，是对孩子自我审美的日常影响和熏陶。当孩子步入社会后，美丽的外表、得体的装扮，会成为孩子在社交场合的加分项。

第四，注重家庭环境的美。家庭环境分为硬件环境和软件环境。硬件环境就是家居的摆设和装饰，在物质条件允许的前提

下，可以适当地进行装修装饰，比如，墙上挂一幅装饰画，书桌上放一束鲜花，孩子房间摆放喜爱的玩具等等。身处这样环境里的孩子，对美的认知也是潜移默化的。软件环境则是指家庭氛围，夫妻和谐相处，孝敬老人，亲友之间温馨互动，这些都是构成良好家庭氛围的必要因素，而在这样家庭氛围里长大的孩子，身心皆会健康。

总之，在生活中对孩子进行美育教育，需要父母的以身作则和身体力行，在对孩子教育的同时，也是对父母的自我约束和提升。

阶段性美育培养

孩子的成长有阶段性，美育也有阶段性。12周岁以下的儿童，理性思维尚未展开，不能相对理性地分析美术作品的构成、色彩、材质、技法、思想内涵等等，美育主要是动手能力的培养及阅读习惯的养成。去美术培训班锻炼一下眼手协调、控制能力，多买一些装帧精美、绘图优美的书籍来阅读，都是没问题的。但父母千万不要认为，这些课程与阅读会对孩子今后的人生产生多大实质性的影响，充其量也就是丰富孩子的生活，为童年添加些许色彩，调剂课堂学习的单调与疲劳。摆正了这个心态，孩子才能真正从中获得乐趣，而不是徒增负担，把本属于兴趣培养、寓教于乐的美育弄得兴趣全无，成了攀比炫耀的资本。

年龄稍长的孩子，理性思维能力有所拓展，可以正式进入美感和审美的层面。有条件的家庭，与其花大把银子送孩子进入美术培训班，不如多陪孩子外出旅游，多去博物馆、美术馆逛逛。只是去博物馆之前，还有一个工作必须做，那就是引导孩子先对美术馆的特色有所了解，制订书面的参观游览计划。比如说要去考古类美术馆，可以先了解考古发现的过程、历史渊源、重要的文物；去某位名家的专门展览，先了解名家的代表作、艺术风格、在艺术史上的地位与评价；若是长时间的境外旅游，更要制订详细的线路书，对博物馆特色、重要藏品有一个预期性的认知，才能做到有的放矢。这些工作可以先由父母陪着孩子做，慢慢放手让孩子自己做，培养孩子独立自主的审美意识。一家人趁假日去旅游看世界，岂不比关在美术班里画点素描色彩，做点手工，写写书法，或者是看一些印刷品质低劣的美术作品强过数倍？而美育的目的，也就在这样愉悦的过程中实现了。

到了孩子需要选择未来从业倾向的阶段，才是父母可以考虑让孩子进入专业美术培训班系统地学习、严格地训练，全方位掌握一门学科基础知识与原理的时候。而真到了这一步，那就要从专业从业者的角度来勾画，由于功利性、目的性增强，美育反而要退到相对次要的地位，或者只是作为一位优秀的职业人的底色而存在。况且，专业人士的培养与知识结构的构建，也不仅仅靠审美修养就能支撑得起的——这是另一个庞大系统的工程。

由于美育牵涉精神层面，父母扮演的角色就显得至关重要，是要经过缜密的思考、严格的筹划、细致的观察，有效地实施、及时地修正才能实现的。父母也得对美育有基本的了解，避免误踩雷区，美育才真正得以普及，教育也才能跳出父母焦躁、孩子忙碌的怪圈。

气质美来源于文明礼仪

礼貌地与人相处，在尊重别人的同时，也获得了他人的尊重，是人与人相处的一种道德规范。人与人之间互相观察和了解，一般都是从礼仪开始的。要想让孩子成为一个有教养的人，必须要让孩子从小就形成讲究礼貌的习惯，这样，孩子在今后的生活中才能被认可、被接受。文明礼仪要从小培养，形成良好的习惯。

给孩子创造一个礼貌的环境

在家庭生活中，父母要处处做到讲究礼貌，给孩子做好榜样，处处注意讲文明，互敬互爱，尊老爱幼，创造一个文明、礼貌的家庭环境。孩子生活在这样一个环境当中，自然而然也会受到父母的影响，慢慢地也会养成讲礼貌的习惯。

教孩子使用礼貌用语

教孩子使用礼貌用语，是让孩子讲礼貌的重要环节。比如，让孩子见到长辈要学会问好："爷爷好，奶奶好！"在孩子寻求帮忙的时候，要说"请"字，得到别人的帮助后，要向别人说"谢谢",还要让孩子学会使用"对不起""没关系""别客气"等礼貌用语。将文明礼貌用语的训练和文明礼貌行为的培养有机地结合起来,是培养孩子讲文明懂礼貌的良好习惯的一个非常重要的途径。

让孩子在日常生活中养成讲礼貌的习惯

例如,在吃饭时,让孩子等所有人都到了才可以开始吃饭,在吃饭的时候不能随便动别人的餐具;在接受别人的礼物时,要学会向别人道谢;当踩到别人或者碰到别人的时候,要学会跟人家道歉;当自己外出或从外面回来时,要跟家里的人打招呼;和别的小朋友一起玩时要友好和谦让;在别人家玩耍时要懂规矩,不乱翻乱拿别人的东西等等。

对于不礼貌的行为及时纠正

不要因为是童言稚语就一笑了之。对于不当行为一定要严肃多强调几次。要学会巧妙地讲道理并纠正不当行为。比如,孩子摘花时,你可以说"花会很疼"之类的语言来纠正其行为,这样孩子会很容易听懂并接受。

要适时表扬

对于孩子有礼貌的行为要高度表扬,这样可以充分增加孩子的自信心。因为只有表扬和夸奖才能让孩子体会到有礼貌的孩子大人才会喜欢,有礼貌的孩子会有很多朋友。所以带孩子外出参加聚会等活动时要适时地给予孩子这方面的表扬和鼓励,从而让孩子体会到其中的快乐。用这种方式来培养孩子懂礼貌的习惯,也间接地培养了孩子自信、开朗和活泼的性格。

不要强迫孩子

不要认为孩子小,就必须掌握在父母手里,其实他们有自己的个性,甚至有些叛逆。很多父母在孩子没有礼貌的时候就强迫孩子,比如,有客人来家里,孩子躲着不肯与人打招呼时,父母就拉着孩子,拼命地让孩子向客人问好,结果会以孩子大哭而告终,这样非但达不到目的,还会产生反作用,所以应针对孩子的心理特点和性格特点因势利导。如孩子不肯与人问好时,可采用事后交谈的方式,心平气和地讲解一些作为小主人待人接客的道理,从而避免孩子产生逆反心理。

父母应该抱着宽容、耐心、随和的态度对待孩子,要尊重孩子,多给孩子一些空间和时间学习,让他们快乐健康地成长。

让女孩成为情绪的主人

别看孩子年纪不大,他们也是有自己的情绪的,常常伴随着喜怒哀乐情绪的变化。与成年人不同的是,孩子们往往无法正确控制自己的情绪。一张小脸涨得通红、不分场合地放声大哭,都是孩子们常见的模样。据儿童教育学最新研究指出:6岁前的情感经验对人的一生具有恒久的影响,孩子如果此时无法集中注意力，性格急躁、易怒、悲观、具破坏性，或者孤独、焦虑，对自己不满意等，会很大程度地影响其今后的个性发展和品格培养。如果孩子的负面情绪经常出现且持续不断，就会对个人产生持久的负面影响，进而影响孩子的身心健康与人际关系的发展。

因此，父母要教会孩子，不能让自己被情绪左右，要掌控自己的情绪，做情绪的主人。

教孩子了解情绪

孩子们不懂什么是情绪。父母在看见孩子生气或者愤怒的时候，可以问问他们现在是什么样的心情和感受，教会他们分清自己的情绪。当下次出现同样情绪的时候，就能够第一时间想起母亲教会自己要克制。

带着孩子梳理情绪

对孩子来说，开心就笑，生气就闹，他们不会处理自己的情绪，更不懂得感觉自己的情绪。因此，父母要帮助孩子认识自己的情绪状态，知道自己有情绪是一件正常的事情，这也是培养理解和调节情绪能力的基础。没有得到表扬的孩子会哭、会沮丧，那么父母可以好好和孩子交流，询问他为什么会觉得不开心，没有得到表扬是因为什么，并且告诉他，通过自己的努力下一次一定会得到属于自己的奖励的。

了解他人的情绪

父母要教孩子懂得换位思考,了解他人的情绪对孩子来说十分重要,这将影响孩子的人际交往和社会适应能力。另外,能够准确察觉和分辨他人的情绪,是孩子正确表达自己情绪的基础。

正确表达情绪

当孩子的情绪上头时,该怎么办呢?一股脑发泄吗?不,要学会自我疏导。建立起强大的内心,才不会受情绪的控制。有情绪是一件无比正常的事情,但父母需要做的是,要时刻提醒孩子在表达自己的情绪时,应当以不伤害别人、不伤害自己为前提,否则不但会引起别人的不满,还会产生更多的负面情绪。

举手投足间培养女孩的淑女气质

淑女气质不仅赋予了女孩温柔、大方、得体之美,更为女孩成为小淑女奠定了最强有力的基础,举止优雅将为长大后的女孩带来无穷魅力。如果一个女孩,处处尽显如男孩一般的阳刚之气,像男孩一样好动、淘气,这的确是让女孩父母感到头疼的一件事情。如果父母顺其自然,那女孩势必会变得日益失去女孩子的风范,毫无优雅和淑女气质可言;如果父母严加管束,又极有可能会扼杀女孩聪明伶俐的天性。身为父母,究竟应当怎样去约束女孩不当的言行,一点一滴地培养起女孩的淑女气质呢？

父母要告诉女孩，中性美也是一种美，但是作为女孩子就要有女孩子的样子，不要盲目学习别人，只有拥有自己独特的风格才是真的美。过于另类和中性的装扮，不但不会讨人喜欢，还会让人敬而远之。要想成为一个淑女，毫无疑问，举止优雅要排在第一位。女孩的父母要着重从女孩举止的培养上下功夫：

①待人接物彬彬有礼、不卑不亢；②餐桌上行为得体；③不和父母顶嘴，不打断别人说话；④举止优雅的女孩子，随时随地体贴照顾他人，尊敬和关心他人；⑤把"请"和"谢谢"挂在嘴边。

同时，在培养女孩高雅气质的方法中，母亲的角色很重要。母亲要给女孩树立淑女的榜样，这样，在潜移默化中，女孩就会有淑女气质。

第二节 培养女孩的优秀品格

立品修德，女孩的品格教育要趁早

在当前的幼儿教育中，人们比较重视文化素质的培养，而忽视了品德方面的教育，使得一些幼儿缺乏爱心，独立性差，缺乏良好的行为习惯。如今，"品学兼优""德才兼备"是选拔人才的标准，而品德始终是放在第一位。做人，德是立身之本。因此，从小就应该培养孩子的优秀品德。

父母的言行举止必须符合道德规范

正人先正己。父母在孩子面前说话做事首先要符合道德规范。父母的言行举止对孩子有着潜移默化的影响，要想将自己的孩子培养成才，就要严格要求自己，遵纪守法，从身边小事做起，给孩子做出榜样，因为榜样的力量是无穷的。

不宜在孩子面前多议论社会的阴暗面

社会的阴暗面任何时候都会有，电影、电视剧都在诠释。不少父母习惯在茶余饭后议论，或一边看电视一边议论，这样对孩子的影响是很不好的。不要说年纪小的孩子对社会阴暗面还没有判断能力，就算是读初中以上的孩子，长期被父母渲染社会的丑恶现象也会对孩子的心灵造成伤害，让其觉得这个社会是多么的不好，多么的不可信任，难免会使其认知产生错觉。因此，父母在孩子面前还是少说社会的丑恶现象，多宣扬好人好事，让孩子沐浴着正能量的阳光健康成长。

父母要负起管教孩子的职责

父母是孩子的最好的老师。现在很多年轻的父母往往把孩子交给家里的老人来带，却忽略了自身有更重要的管教责任。父母就算再忙，管教孩子的事不能忘；要时刻关注孩子的言行举止变化；要经常和老师联系，了解孩子在学校的学习和交友情况；要经常与孩子交流沟通，化解孩子成长的困惑。

父母本身既要努力工作，又要经常学习，用自己的实际行动影响孩子。从小到大，孩子和父母在一起的时间是最长的，一天两天不算什么，但父母几年十几年的行为习惯便会变成对孩子的一种心理暗示，使孩子在不知不觉中模仿父母的言行举止。如果父母有不良的习惯，便会在这一天天中给孩子以影响。有些父母明知自己的某些习惯不对，但又管不住，总对孩子说"别学我"，但这已经给孩子的心灵种下了一颗恶果，并不是自己几句"不许学"就可以抹杀掉的。

为了孩子的健康成长，作为父母要约束自己的言行举止，带头遵纪守法，做诚实守信、正直善良的人，为孩子做出榜样，从而起到潜移默化的作用，让孩子形成良好的思想品德，做个对社会有益的人。

孝顺长辈，优秀女孩必不可少的品质

孝心对于现在很多孩子来讲，似乎是一个陌生的词语。年轻的父母更多侧重于给予孩子更好的物质生活和学习环境，忽视培养孩子的孝心。有些父母心甘情愿地付出，不奢求孩子日后的回报。他们会跟孩子说"你们顾好自己就可以，我们不用你们操心"之类的话。作为儿女，应该感激父母无私的爱，可是如果父母经常把这些话挂在嘴边，子女听久了，真的会信以为真，觉着父母不需要自己照顾，孝心就会逐渐被淡忘。

很多父母认为，跟孩子谈孝心是贬低了自己对孩子的爱。这是一种误解，对孩子是一种误导。孔子说："孝悌也者，其为仁之本与。"孔子的意思是，要孝敬父母，团结兄弟姐妹，这是"仁"的根本，如果你对自己的家人都不好，还有什么资格说自己是个仁义之人呢？拥有孝心是"仁"的根本，是一个人的基本品德。

父母要以身作则

孩子是天生的模仿者。"孝"作为传承之道，如果长辈没做好，后辈又岂会习得？如果自己不孝顺父母，却指望孩子对其言听计从，这样似乎说服力不够，也太过自私了。父母首先要孝顺自己的父母，孩子耳濡目染，才会逐渐养成孝顺父母的好品质。

建立长幼有序的家庭秩序

父母让孩子明白长幼顺序，可以避免孩子自我为中心的优越感。如果父母做什么都首先考虑到孩子需要，这样不是爱孩子，是在害孩子。孩子不仅不懂得感恩，还会认为一切都是理所当然的。失去孝心的孩子，长大可能会变成啃老族，甚至成为年迈父母甩不掉的包袱，何谈孝顺？

随着孩子年龄的增长，父母可以把家庭情况告诉孩子，让他们懂得父母的辛苦和不易，看到父母努力的过程。这样孩子才会心存感恩之心，愿意孝顺父母。父母还可以让孩子分担力所能及的家务活，让他们参与家庭劳动，学会替父母减轻负担。孩子在做事情的过程中，感受到父母的辛苦，才会发自内心地孝顺父母。

诚实守信，彰显女孩的优秀品格

在日常生活中，我们经常会听到父母这样警告孩子："如果你再撒谎，我就用针把你的嘴缝起来。"可是我们想想：如果孩子真的撒谎了，父母真会缝上他的嘴吗？显然，有时父母对孩子说的话本身就是不现实的，用这种方式来教导孩子不要撒谎是非常不可取的。

要纠正孩子的撒谎、不守信用的行为，父母首先要做到言行一致。孩子的模仿能力很强，很容易受到某种行为的暗示。如果父母言行不一，不履行承诺，孩子就会受到暗示，跟着模仿。例如，母亲如果答应了孩子星期天带他到公园去玩，就一定要去。如果临时有事，也要先考虑事情重不重要，若不重要，就要坚守诺言；如果事情确实比较重要，一定要向孩子说明情况，并争取以后补上去公园的活动。

每个人行为背后均有其正面动机。孩子撒谎的原因通常有两点，第一是撒谎能让他得到自己想要的东西，第二是撒谎可以免受责罚，从而达到保护自己的目的。因此，面对孩子的谎言，父母不要太焦急，从而选择用暴力的方式制止孩子的撒谎行为，而是要想办法充分了解孩子谎话的种类和撒谎的原因，才能对症下药，从而对孩子做出正确的引导。

培养孩子诚信，从点滴做起

培养孩子诚实守信的品质，既要求父母有长期坚持的耐心、与时俱进的细心，又要求父母将诚实的言行深深扎根渗透于日

常生活的琐碎点滴中，贯穿家庭生活和亲子成长的全过程。父母在孩子小的时候就要求孩子说真话，不说假话；做错事时勇于承认自己的错误并能及时改正；不拿别人的东西，借别人的东西要还；做到言必信，行必果。针对社会上那种坑蒙拐骗的行为，父母要态度鲜明地进行批判，要让孩子坚信，这种弄虚作假的行为是必将受到惩罚的。这样，孩子长大以后才能成为一个光明磊落的人。总之，父母要从点滴做起，从小事做起，塑造孩子的诚实之心。

为孩子做诚实的榜样

父母要培养一个有责任心、以诚待人的孩子，就要以身作则，做诚实的表率。常言道"身教重于言教"，父母的行动对孩子来说是无声的语言、有形的榜样。为了培养孩子的诚实习惯，在日常生活中，父母对待孩子一定要诚信，不要说话不算话。因此，父母在向孩子许诺之前一定要三思，不能言而无信，答应孩子的事情，就一定要做到；如果不能兑现，应及时向孩子解释，向孩子道歉，并作自我批评，让孩子从内心理解和原谅父母，事后父母应设法兑现自己的承诺。如父母言而无信，一而再，再而三，孩子会对父母产生不信任感，并认为说了话可以不算数，慢慢地他们也会这么做。

营造诚恳、互信的家庭氛围

父母要做有心人，为孩子创造愉悦的讲诚信的氛围，以感染孩子的心灵。特别是家庭成员之间应相互信任。孩子尽管年龄小，但他同样会体会到父母对他的尊重和信任。要知道，从小受到尊重、信任的孩子，会更加懂得怎样去尊重、信任别人和怎样得到别人的信任。可以在一种轻松的环境中告诉孩子说谎会有什么样的危害，告诫孩子说谎或许能让你一时蒙混过关，但迟早也会让他人发现事情的真相，等真相大白之后，不仅会让你处于一种尴尬的境地，还会失去老师、父母、同学、朋友对你的信任，久而久之，别人就不愿意再跟你接近了。这样的话，孩子便会在愉悦互信的氛围中受到启迪，讲诚信的意识也就会逐步培养起来。

满足孩子合理的需要

父母都希望自己的孩子诚实守信，不喜欢撒谎的孩子。但是，许多孩子却表现得不尽如人意。究其原因，大多是后天的某种需要引起的，比如，为了满足吃的玩的需要甚至是为了逃避受批评、受惩罚，这些都助长了孩子撒谎的恶习。父母应该认真分析孩子的需要，尽量满足其合理的部分。而满足孩子的时候应该用孩子的眼光来看待事物。要分析孩子的需要，认真倾听孩子的心里话，而不要以成人的想法推测孩子的心理。当孩子向父母讲述了他的需要后，父母应该跟孩子一起分析，让孩子明白哪些是合理的、正确的，然后及时满足孩子合理的需要；对于不合理的需要，则要对孩子讲明道理。千万不要觉得孩子还小，或者觉得事情无关紧要就放纵他们。长此以往，孩子就会不断地强化不良行为，形成不良的品格，最终影响到他的人生。

拥有责任感，让女孩更优秀

很多孩子常常做事虎头蛇尾，学习自觉性、耐劳性差，对成绩优劣无所谓，更有甚者，对父母态度恶劣，喜怒无常……孩子会有这些不尽如人意的表现，是因为自觉性还没有很好地形成、自制力比较差、坚持性不够等。当然，还因为孩子自身缺乏一样很重要的东西，那就是责任心。

培根曾说："责任心是世界上最珍贵的种子，它若早早地播种在孩子的心田里，将会收获一生一世的幸福。"责任感对孩子的成长来说是一种特殊的营养，能够帮助孩子们健康顺利长大。因此，父母要着重培养孩子的责任感。

要让孩子认识到责任感的重要性。责任感是一个人人格的重要组成部分。一个有着强烈责任感的人会勇敢地承担起自己对父母、对他人、

对社会的责任，他们会尽最大努力把应该办的事情办好；而一个没有责任感的人则会逃避自己的责任和义务，容易随波逐流，无所事事。自己的行为就要自己负责，这个观念的树立，对成长中的孩子有重要影响。

父母对孩子的影响不仅是深刻的，而且是终身的。父母在生活中所表现的责任感的强弱，是孩子最先获得的责任感体验。父母自身对家庭、对社会的责任心如何，对孩子来说是一面镜子，父母的责任心程度可以折射出孩子的责任心。一个对家庭、社会毫无责任感的父母，不可能培养出有责任心的孩子。

孩子总会有犯错的时候，不要太过在意，要允许他们犯错并改正，但要学会承担责任。要求孩子勇于对自己的言行负责，不论孩子有什么样的过失，只要他具备承担责任的能力，就要让他去勇敢地面对，不能让他逃避和推卸。父母要让孩子从小就养成对自己负责任的态度，培养孩子的责任感，面对挫折困难敢于勇敢地面对，敢于负责任，这是孩子人生中最为重要的一课，对其成长益处颇多。

父母可适当地让孩子了解一些父母的忧虑和难处，提出一些问题，引导孩子独立思考和选择，大胆发表自己的见解。要让孩子知道：家庭的美满幸福，要靠父母和自己的共同参与，进而增强孩子对家庭的责任感。

人只有有了责任感，才能感受到自我存在的价值和意义，才能真正得到人们的信赖和尊重。

第三节 人无志不立，培养好好学习的女孩

让女孩正确对待考试成绩

考试是对学生的身体素质、智力水平和心理素质的考验，成败得失不仅仅是考试分数的高低。"几家欢乐几家愁"是客观现实，面对一次次的考试成绩，也许有的孩子感到欣喜，也许有的孩子感到失望和沮丧，但不管如何，都需要正确对待考试成绩。

孩子在考试后能否正确对待考试成绩，积极调整心态，不仅会影响孩子对生活和学习的积极性，而且会影响孩子之后的考试状态。那么，孩子要如何调整考试后的心态，让自己有个积极的心态面对以后的学习呢？

心态平和，直面成绩

对待学习成绩，有两种常见的态度是不可取的：一是过分紧张，把每一次考试都看得至关重要，考好了，欣喜若狂；考差了，垂头丧

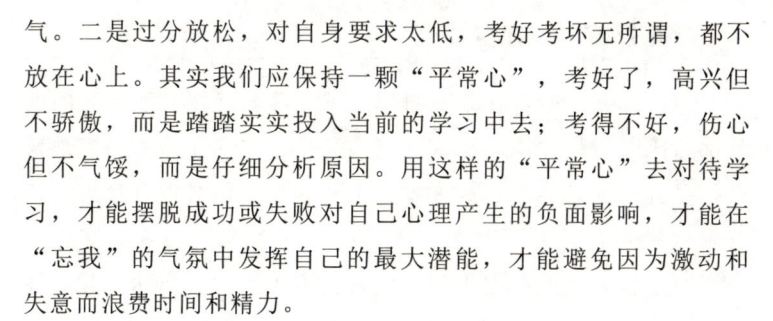

气。二是过分放松，对自身要求太低，考好考坏无所谓，都不放在心上。其实我们应保持一颗"平常心"，考好了，高兴但不骄傲，而是踏踏实实投入当前的学习中去；考得不好，伤心但不气馁，而是仔细分析原因。用这样的"平常心"去对待学习，才能摆脱成功或失败对自己心理产生的负面影响，才能在"忘我"的气氛中发挥自己的最大潜能，才能避免因为激动和失意而浪费时间和精力。

要学会辩证地看待考试排名的变化。逆水行舟，不进则退，有考试，名次就会有升降。如果你对考试成绩很满意，这是值得高兴的事，肯定了你为这次考试所做的准备和努力以及你良好的基础，但不要骄傲，以为自己以后就一帆风顺，需要戒骄戒躁，保持平常心态，这次考好只代表这次，以后的路上还是需要沉着、冷静、踏实、努力，保持现在的优势。如果你对考试成绩不满意，不要因为一次的挫折就完全否决自己，考试结果不够理想是很正常的，这次考试的分数不是最重要的，最重要的在于这个结果可以让你明白自己的学习基础与别人的差距，自己在前一段时间的学习上还存在着有待改善的地方。这对于自身今后的发展是很重要的，如果没有这次考试，可能你还不能及时地看到自己的不足。

要客观、正确来看待成绩，定位自己，总结反思，调整自己的状态和方法，寻找到适合自己学习的有效途径。不管是考好还是考差，都要进行正确归因，改进和优化自己的学习方法，这样才能获得进步、走向成功。

合理分析，正视自我

世界万事万物是有联系的，考试成绩的好坏必然有它的内外部原因。假如你成功了，你应该分析促使你成功的因素是什么，是外部的条件，还是你本人主观的努力，对你自身来说还存在哪些不足，今后将怎样改进，如果你能全面客观地分析自我，那在将来的学习生活中你将会取得更大的成功。假如你失败了，更有必要进行自我剖析，你可以听听家长、老师、同学的意见，探究问题的所在。只有正视自我，完善自我，吸取经验教训，才能打个翻身仗。我们要做的是全面客观地分析试卷，正确对待考试成绩。无论考试成绩如何，都要对各门试卷进行认真的分析与思考。学习的过程是一个不断完善的过程，考试就像一面镜子，考试的最大功能在于检测我们对知识的掌握情况，让我们很容易地发现不足。查找弥补自己的知识缺陷，永远是有心人考后的第一项工作。任何一次考试都不是人生最后一次考试，螺旋式上升是人生的主要轨迹。

自我调适，努力不辍

对于考试失利的同学来说，既成事实，无论你再伤心、再痛苦、再后悔，也无济于事，它都已经成为现实。我们要以饱满的热情投入下一轮学习。也许经过努力短期内不一定会有收获，但你只会离成功越来越近。对于成绩进步的同学来说，考好当然值得高兴，但要知道，天外有天，山外有山，这只是小范围的竞争，绝不是骄傲的资本。人生有涯而学海无涯，我们还要找到新的目标。

制订计划，迎头赶上

"亡羊补牢，为时未晚。"要学会调整好自己的心态，根据自己的具体情况制订一个自己能够做到的计划，安排好自己下一个阶段的学习和生活，在制订计划的时候，不能急于求成，要有短期的目标，能使自己有成功的体验，从而增强学习和考试的信心。还要有远期的目标，让自己看得到希望，增强自己的学习动力。如果我们将目标定得太高或太低，就会失去目标与计划的实际意义。

无论考试成绩如何，我们该做的，是用更加坚实的脚步继续前进。

不拿别人家的孩子来教育自己的孩子

"你看别人家的小朋友多听话，让做什么就做什么，你看看你……"

"你看那个小妹妹/小弟弟多乖，一点也都不淘气，你看看你……"

"你看那个小朋友学习多认真，而你就知道贪玩儿，不好好写作业……"

"你看那个小朋友都不和爸爸妈妈顶嘴，你看看你总是和我们顶嘴……"

这些话是不是特别熟悉？无论走到哪儿，在家里还是在学校，在街上或是在广场，陌生人或者亲朋好友间，总能听到这些话语。对很多孩子来说，"别人家的孩子"简直就是从小到大的噩梦一般总在身边。这其实都是父母的一种对比心理，听到别人的好，再对比自己的，自然心理会失落，希望自己的也可以这样的好。特别是在教育孩子上面，总是以别人家的孩子做对比，其实别人家的孩子不是对比出来的。

父母总拿自己的孩子和别人家的孩子相比较，会对孩子造成很大伤害：

①**让孩子变得不自信**。如果父母经常拿自己孩子与别人家的孩子相比较，孩子会慢慢变得不自信，做事情没有底气，说话也没自信，总觉得不如别的孩子做得好，就会自己给自己泄气。

②**孩子不爱与父母沟通**。经常和别的孩子相比较的话，时间长了孩子会变得不喜欢与父母沟通，不喜欢交流，孩子会认为，别人家的孩子那么好，你去找别人家的孩子，为什么还要管我呢？就会产生一种逆反的心理。

③**伤害孩子的自尊心**。别以为孩子小就什么都不懂，孩子是需要足够的自尊心的，父母说的刺激他的话，他都会听得明明白白。如果父母经常性地去说自己的孩子不如别人，这件事情就会在孩子的心里扎根，甚至产生阴影，自尊心受到伤害的孩子会变得很无助。

④**孩子不愿意和其他小朋友玩耍**。孩子觉得自己不如别人了，就不喜欢与其他小朋友玩耍了，因为他怕因为一件小事父母又要来相比较，久而久之孩子的性格可能会变得很孤僻，不愿意与别的孩子玩耍、交流。

⑤**孩子变得不开朗**。每个孩子天生的性格都应该是开朗活泼的，孩子出生就是一张白纸，父母就是他的榜样。如果过多地去和别人的孩子比较，孩子的性格会变得非常内向，还会失去以往的开朗。性格变得不开朗在将来的为人处世上都会有一定的影响。

要相信自己的孩子永远是最棒的，不能拿自己的孩子与别人的孩子相比较。而且很多父母有一个通病，就是拿别人的长处来比自己孩子的短处，自己孩子擅长什么，他们就不比什么，想要自己的孩子样样都好，这怎么可能呢。其实父母需要做的，只有两件事：一是帮孩子找到适合他的学习方法，避免他浪费太多时间去摸索；二是鼓励他充分发挥自己的优势，不要在乎短板，等优势发挥到极致以后，再去补短板。

每个人都有一些与生俱来的能力，这些能力会跟你一辈子，我们把它叫作潜意识。人的思考力、情感力和务实力的强弱，将决定你的性格。有的人情感力强，所以他比较感性，有亲和力；有的人思考力强，做事就有目标、有规划；有的人务实力强，所以他勤劳、专业。每个人性格不同，擅长的领域和技能也会不同，如果要比，那就得和相同性格的比，不然对比就没有意义。比如，有些小孩会觉得其他同龄的小孩幼稚，这种小孩通常是思考力强，情感力弱；有的小孩比较喜欢钻研，可以花几个小时去完成一个小手工，这种小孩通常务实力强，思考力弱；有些小孩可以跟各种小朋友玩到一起，组织协调能力好，这种小孩通常情感力高，思考力弱。没有一个人是三种能力都强的，就像非常理性的人不可能很感性一样，有些能力是矛盾和冲突的。

因此，父母不能老是拿别人家的孩子来比较自己的孩子，应该帮孩子找到适合他的学习方法。比如，务实力强的人，通常学习比较慢，因为他渴望获取的信息越多越好，而且通常都不太会放下。可以让这类人学速读，提高阅读效率，这样获取知识的速度会明显增加，也可以通过玩游戏来提高专注力和记忆力。

同时，父母还应鼓励孩子尽量发挥特长，找到孩子最擅长的领域或技能，并告诉他，他在某方面很优秀，让他继续在这方面深钻，做到极致。长期下来，日积月累，这样的能力会在

某一刻突然显现，成为成功路上的撒手锏。等到他事业有成之后，他自然会去弥补他的一些小缺陷。

兴趣是最好的老师，激发女孩的学习兴趣

父母都想要孩子不输在起跑线上，首要的就是要趁早激发起孩子的学习兴趣，兴趣是学习的动力。孩子兴趣的产生往往是在小时候。不同的年龄段，由于各自不同的素质，孩子的兴趣往往有自己的独特性。孩子兴趣的发展和表现，往往是他天赋和素质的先兆。父母要经常问一问孩子喜欢什么，了解他的兴趣是什么，要引导孩子不断发展兴趣。孩子一旦有了学习的兴趣，在学习过程中就能自觉地克服困难，集中注意力，强化记忆，活跃思维，促进学习活动有效地开展。

培养直接兴趣

著名物理学家杨振宁曾说过，他不赞成有人说他是"刻苦"学习的，因为他在学习中从没感到"苦"，相反，体会到的是无穷的"乐"。学习若能给孩子带来快乐，那么孩子一定会喜欢学习。年龄越小的孩子，学习兴趣越是以直接兴趣为主。例如：有的孩子喜欢画画，可能是他乐意用五彩的蜡笔在纸上涂抹，看着五彩的线条在纸上延伸、扩展，他的思维、想象也跟着任意邀游、旋转；也可能是老师经常表扬他，虽然他画得并不怎么样。那么，怎样才能使学习变为快乐的事呢？

首先，多表扬，少批评。父母要善于发现孩子的优点。有些家长开口闭口就是"这么简单都不会，光知道玩"，本是恨铁不成钢，却不知好钢已在批评中钝化了。日久天长孩子总觉得自己很差，总有错，在学习中有压抑感，于是厌恶学习。如果孩子是真的做错了，当然也要给予批评，让孩子明白大人为什么要批评他，让他明白道理。

其次，使孩子一开始就有成功的体验。父母要尽可能使孩子掌握好知识，一开始就让孩子学懂，这样既增强了孩子的自信心，又使他体验了学习的快乐。

培养间接兴趣

学习目的的教育应该联系孩子的思想和实际，坚持耐心细致的正面教育，通过生动形象、富有感染力的事例，采用多种多样的形式，把学习目的与生活目的联系起来，这样才可以收到良好的效果。例如，有的孩子在学跳舞，他不喜欢舞蹈基本功练习，吃不了这个苦，但是他对学习舞蹈可以参加各种演出这一结果感兴趣，这种兴趣可以促使孩子去从事基本功练习的活动。所以父母既要充分利用孩子的直接兴趣，激发其勤奋学习，更要通过学习目的教育来提高孩子的间接兴趣。兴趣在各种活动中的动力作用，已为不少心理学家所承认。瑞士儿童心理学家皮亚杰把兴趣说成是"能量的调节者"。我国著名心理学家潘菽认为："兴趣是学习动机中最现实、最活跃的成分。"孩子对学习有兴趣，就可以激起他对学习的积极性，推动他在学习中取得好成绩。

利用好奇心培养学习兴趣

孩子最不缺的就是好奇心,他们刚刚加入这个世界,什么都不知道,什么都不懂,他们的眼睛里充满了一万个"为什么",十万个"这是什么,那是什么",父母应充分利用它来激发孩子的学习兴趣。有的孩子把闹钟拆开,有的孩子不停问为什么,父母若不了解孩子的特点,把这看成淘气、捣乱,对孩子采取批评、冷淡、不理睬的态度,就会伤害孩子智慧幼芽的生长,挫伤他们求知的积极性。另外对孩子的提问要积极回答,如果不会可告诉他弄明白后再告诉他,但是要说到做到,切不可敷衍了事。如果父母是骗他,以后孩子不懂的问题,他也就不问了,这样就会降低孩子的积极性和好奇心。用好奇心激发起孩子的兴趣,让孩子渴望知识,主动地去探索学习,那么,学习对于孩子来说就不会是痛苦之源,而是不断激发探索欲望的动力引擎。

创造兴趣培养的外部环境

只有肥沃的土壤才能长出好庄稼,只有良好的家庭环境才可能培养出智力优秀、聪明活泼的孩子。首先,父母要以身作则,热爱学习。父母是孩子的第一任老师,身教重于言教。若父母督促孩子要努力学习,而自己却常常通宵达旦地打麻将,那么孩子感兴趣的恐怕不是如何搞好学习,而是如何玩好牌;

学习的恐怕不是科学知识而是玩牌窍门了，若父母饭后捧一本书，伴一杯清茶，端坐书桌前，伏案写作，孩子耳濡目染，也会经常看书、学习。

自学能力，比任何教育方法都有效

"授人以鱼，不如授人以渔。"与其不停地督促孩子学习，看着孩子学习，不如教会他自学能力，往往能事半功倍。自学能力是所有能力中最重要的一种能力。自学能力包括自觉的学习愿望和求知欲，有一定的学习方法，初步形成习惯，使自学成为一种能力，能找到相关的工具书和资料。自学能力是孩子通过自己的独立思考，主动地掌握知识的一种能力，通过养成了良好的自学能力，学习才可以由被动变为主动，才可以深入的掌握知识，对今后的学习和工作都大有裨益，那么父母要如何培养孩子的自学能力呢？

培养孩子独立思考能力

在家庭教育中，父母可以和孩子一起阅读，鼓励孩子站在不同角度看问题，往往能得出不同的结论。身处一个信息大爆炸的时代，想要不随波逐流，丧失自我，就要从更多维度思考问题，让自己更靠近本质的核心。

孩子一般都喜欢听故事，也很爱玩游戏，父母可以利用讲故事，留出结局悬念的形式引导孩子去展开想象与思考，让孩子在听故事中学会动脑。带孩子走进生活、学会观察，鼓励孩子自己动手去做力所能及的事情。培养孩子的好奇心，引导孩子去探索脑海中的"十万个为什么"。要锻炼孩子思考的能力，凡事就要让孩子亲力亲为，多从启发的角度教育孩子。如多问孩子"你觉得应该怎样""如果这样，会怎样"等。

培养孩子的时间观念

专注力是人的"十二情商"之一，也是所有学习的第一步。进入学龄后，孩子无论在心理上还是身体上都需求更多的"私密空间"，轻易不要打扰孩子正在做的事情，不要侵入孩子的"私人领地"，无论行动上，还是"噪音"上。除非孩子要求，否则尽量不要在孩子学习时送水果，也避免客厅的电视声、聊天声分贝过大。

培养孩子的生活规律性、对时间的感觉以及用仪式感帮助孩子进入状态。一些父母抱怨孩子磨蹭总要父母催促、写作业不专心能拖则拖，很大程度上也因为孩子还没有时间观念。可以和孩子一起制订每天的作息表，鼓励孩子安排好每天学习、玩耍的时间，并且适当提醒。如果能够孩子能按照约定好的时间做自己的事情，就给予适当的奖励。

别给孩子定过高的要求

有时候，父母会给孩子定过高的要求，远远超出孩子的能力范围。孩子有了一点进步，不去鼓励、夸奖孩子，反而直接抛出一个更高的要求。这样孩子就无法体会到进步的喜悦，只会觉得怎么努力也达不到目标，疲于奔命，久而久之就心灰意冷，学习能力退化。

提升孩子应用能力

鼓励孩子表达自己的想法，将生活的真实场景写进日记和作文里，将自己看的书和观察到的东西用自己的语言表达出来。比如，家里来客人或者大人间谈话事，鼓励孩子参与进来，很多老总说："大人说话小孩不要插嘴。"其实是不对的。孩子把学到、观察到的东西拿出来交流，其实是一个整合和应用的过程。

让孩子做符合年龄的决定，例如：今天穿什么衣服、去哪里玩、和谁做朋友，鼓励孩子说出理由。父母出于爱和保护，有时会忽视孩子的想法，过多地替孩子做决定、处理事情。长此以往，孩子缺乏独立意识，过度地依赖父母的意见。父母不如试试这样做：凡与孩子有关的事情，都征求孩子的意见，在多次练习后，孩子就会养成遇到问题多思考的好习惯，成为有主见，有鉴别力，有自信的孩子。

轻松让女孩爱上阅读

爱阅读的孩子，会从所读的书中感受更多的真善美，并且会受到一些伟人智者关于人生观和世界观的有益启迪，这些对于增强孩子的心理素质是很有帮助的。阅读可以扩大孩子的视

第二章 养育女孩，父母不可不知的教育艺术

野，激发孩子的想象力，让孩子的精神世界更加丰盈，也可以让孩子学会谦卑。阅读是学好语文和其他学科的基础，随着孩子阅读量的增加，他们的理解能力和思考能力都会相应地增强，这两种能力是学好各门功课的基础。

很多父母都会抱怨自己的孩子不愿读书、不喜欢读书，都在有意识地培养孩子的阅读习惯，然而却忽略了阅读这件事应该是从小培养的。从小培养阅读习惯并不难，重点在父母的身体力行，用行动影响孩子。环境对孩子的影响尤为重要，孩子从小耳濡目染，很多兴趣都是在家庭以及他所接触的其他环境中建立起来的。父母为了培养孩子的阅读习惯，用了很多方法，各种兴趣班一大堆，各种监督催促，然而孩子还是不爱看书，只爱玩手机；或是读书很多，作文和语文成绩却提不上去；或是只喜欢看漫画，却从来不愿意读书。父母往往忍不住狂呼：为什么让孩子读书那么难？

其实，父母只要肯花心思，正确引导孩子，让孩子掌握阅读技巧，教孩子选择该读什么样的书，孩

049

子就会爱上阅读，从而形成良好的阅读习惯。

父母的榜样作用

有的父母想让孩子爱上阅读，可是自己家里都找不到一支笔、一张纸，还说什么现在手机多方便，想要看的手机上都有。的确，很多父母在家就是看电视，有空就玩手机，却着急地吼孩子快去看书，孩子心不甘情不愿地去了，也没看书，而是在那里玩别的，他也想看电视，他也想玩手机。父母是孩子最好的老师，孩子的模仿能力是惊人的，要想让孩子喜欢读书，父母首先要以身作则，为孩子做好榜样，在家中多看书。

结合孩子的兴趣点选书

比如，两岁前的孩子对动物、对吃都感兴趣。选择这方面的绘本，孩子看书的兴趣会大大增加。两岁以后的孩子慢慢地接触了动画片，就可以选择他喜欢的动画片类的图书，他也会十分爱看。

营造读书氛围

很多时候，孩子不是不爱读书，而是缺乏阅读氛围。家里是孩子待得时间最久的地方，所以家里有没有阅读氛围是很重要的。前期让孩子拥有专属于自己的书桌和椅子，可以选择他喜欢的颜色或款式，这样更能引起他的阅读兴趣。其实过了不多久，孩子自己也会发现阅读是一件随时随地的事情，只要想阅读，椅子、沙发、地上、床上都可以成为阅读的地方，只要打开一本书就会不由自主地读起来，不会在意身在何处。桌子上放一些阅读的书本，让孩子触手可及就可以拿起书来看。

父母还可以把去图书馆阅读作为平时的休闲亲子方式之一。选择周末，带上孩子去图书馆安安静静地阅读。图书馆的阅读氛围是最好的，看着那么多如饥似渴阅读的人，孩子自然也会忍不住拿起一本书，期望在书中与作者找到共鸣，孩子也是一样的，看到那么多小朋友对书本的热爱，他也会渐渐地对书产生无比热爱之情，他会发现书给他带来的是无穷的乐趣。

安排固定的时间陪伴孩子阅读

父母的陪伴对孩子来说，是一件非常快乐的事情。而这远比父母去帮孩子报各种兴趣班所花的时间和精力要轻松很多。如果父母比较忙，只需将时间控制在半小时内即可，甚至十几分钟就够了。但是在这段陪伴时间内，父母必须放下手机及其他电子产品，全身心地与孩子互动。父母千万别说自己挤不出这十几分钟，错过孩子的未来成长，付出更多的时间精力都无法弥补。

不强迫，遵从孩子的意愿

很多父母一听别人说这种书好，那种书好，自己觉得名著也好，一股脑儿地全给孩子买回来让孩子看。孩子一翻根本没兴趣，就扔那里了，父母很着急，觉得孩子不爱看书。其实不是孩子不爱看书，而是父母的方法不对！父母可以在周末或假期多带孩子去书店或其他有阅读氛围的地方看看书，观察孩子对哪类书感兴趣，也可以把自己觉得好的书籍推荐给孩子看，如果孩子看了感兴趣就买，没兴趣就不买。开始时不要觉得他想买的这书不好，那书不好，要培养起孩子的阅读兴趣，读多了他自己就有鉴别能力了。当他真正读过一本好书时，就会越发喜欢好书，越发喜欢阅读。

有时候，孩子比较闹，有的父母突然对孩子说"快去学习吧"，在孩子不想看书的时候强迫他去看书；孩子不想看的时候，有的父母又说了，"这孩子又不看了，又不爱学习了"。这些语言都是无效的沟通，除了发泄自己的心情，对孩子没有任何帮助。此时，父母可以引导孩子，"我们去看……书吧"，经过提醒，孩子有时候是愿意的；但是如果孩子不想读，也不要强迫，父母可以在一边看书，来影响孩子，孩子一会儿就被吸引过来了。

及时给予鼓励和赞赏

赞赏的目光和话语都会让孩子产生自豪感，加强自信，自然而然就更愿意读书。在孩子会背一首诗，或者会讲一个故事的时候，父母一定不要吝啬惊喜的表情，赞赏的语言，这些会让他自豪、自信，有动力和兴趣继续看书。

不要急功近利，让孩子享受阅读

阅读本身就像一项隐性技能，没办法在短时间内看到效果。就像我们呼吸的空气，吃的盐，慢慢融进我们的身体。事实上，阅读量大的孩子的阅读效果在初高中才会明显体现出来。阅读量大的孩子知识面广，逻辑思维能力强，容易建立自己的知识体系，当日积月累的阅读达到一定量的时候，会在某个时候、某个点上突然像花儿一样绽放！阅读是每个人一辈子的修行，父母现在要做的就是让孩子享受阅读，"慢"养孩子，静等花开。

让女孩理性面对学习上的挫折

孩子的求学之路并不是一帆风顺的，父母应该也会听到孩子的抱怨：学习越来越吃力，好像怎么学成绩也上不去，真是心情烦闷，情绪焦虑，不知该怎么办？甚至有少数孩子因为学习上的挫折，出现严重心理障碍而不得不放弃学业。

其实，人生就像一次长长的旅行，这里充满艰难险阻，旅途中的挫折就像我们的影子，不管我们身在何处，我们在做什么，挫折都如影随形。挫折在心理学上解释为一种情绪状态，是指挫败、阻碍、失意，当一个人从事有目的的活动时，由于主客观条件的障碍和干扰，致使预期的动机不能顺利进行，不能获得需要的满足而产生的紧张状态与情绪反应。

因此，父母要教会孩子通过管理情绪来管理遇到的挫折，通过调整动机来降低挫折的打击，通过改变认知来减轻挫折带来的紧张和压力。孩子在求学路上遇到挫折是件很正常的事，这是由内外因素构成的，比如，孩子的努力程度，学习方法、基础知识的积累、考试技巧、临场发挥、动机是否合理等内因，还有来自社会、环境、家庭对孩子的外在影响。

当孩子学习遇到挫折时，父母帮助孩子分析成因，使其正确面对才是重要而有意义的。

有的孩子遇到挫折后，其失落感导致心境低落，认为都是外在因素造成的，因而怪罪他人，心灰意冷，并选择逃避或攻击行为。比如，这次没有考好是因为班级同学太吵闹，老师讲课太快，试卷太难等。

有的孩子遇到挫折后，其自卑感导致情绪低落，认为都是内因造成的，因而自我否定，自责自弃，选择退缩，封闭自我。比如，成绩上不去是因为自己智商低，天生愚笨，不是学习的料等。

有的孩子遇到挫折后，其无奈感导致消极认命，自欺欺人，选择麻痹自我，昏昏沉沉度日，幻想明天会好起来。比如，抱着成绩好不好无所谓的态度，给自己找借口，认为学习没有太大的用处，只要将来有事做就好了。

有的孩子遇到挫折后，其紧迫感促使冷静思考，理性分析眼前的挫折，哪些因素是无条件接受的现实，哪些因素是可以通过自己的努力改善和改变的，选择积极行动，坚持不懈，将挫折转化为成功的经验。比如，成绩上不去可能是自己的学习方法不对，时间安排不合理，听课效率不高，课后训练不够等，这些因素是可以学习和提高的，而因为基础太差，短时间内成绩上不去则选择接受现实，调整目标，但不放弃努力。

这几种学习态度，反映出一个人的习惯性选择行为。长期抱有的态度和习惯性选择造就不同的性格，不同的性格决定不同的行为，不一样的行为成就不同的人生。

人一生要经历无数次大大小小的选择，每一次面对挫折，女孩都要学会做到接纳挫折，不畏挫折，冷静思考，理性选择，积极行动，坚持不懈，那么，良好积极的心理素质就会潜移默化地影响自己的性格，内化成一种良好的行为习惯。

面对学习上的挫折，女孩该学会哪些积极的应对方法呢？

继续保持良好的学习兴趣

愿意学，喜欢学，这就是兴趣。兴趣是最好的老师，有兴趣才能产生爱好，爱好它就要去实践它，达到乐在其中，有兴趣才会形成学习的主动性和积极性。在学习中，我们把这种从自发的感性的乐趣出发，上升为自觉的理性的"认识"过程，这自然会变成立志学好的成功者。

注意归纳，挖掘学习潜力

听课中，要注意老师讲解时的数学思想，多问为什么要这样思考，这样的方法是怎样产生的？把概念回归自然。所有学科都是从实际问题中产生归纳的，概念回归于现实生活，概念的产生都是从实际生活中抽象出来的。只有回归现实才能使对概念的理解切实可靠，在应用概念判断、推理时会准确。

建立良好的学习习惯

建立良好的学习习惯，会使自己学习感到有序而轻松。良好的学习习惯应是：多质疑、勤思考、好动手、重归纳、注意应用。良好的学习习惯，包括课前自学、专心上课、及时复习、独立作业、解决疑难、系统小结和课外学习等几个方面。学生在学习的过程中，要把老师所传授的知识翻译成为自己的特殊语言，并永久记忆在自己的脑海中。使自己的学习习惯与课堂学习的各个环节相适应。

逐步形成"以我为主"的学习模式

知识不是完全靠老师教会的,而是在老师的引导下,靠自己主动的思维活动去获取的。学习就要积极主动地参与学习过程,养成实事求是的科学态度和独立思考、勇于探索的创新精神;正确对待学习中的困难和挫折,胜不骄,败不馁,养成积极进取、不屈不挠、耐挫折的优良品质;在学习的过程中,要遵循认识规律,善于开动脑筋,积极主动地去发现问题,注重新旧知识间的内在联系,不满足于现成的思路和结论,经常进行一题多解,一题多变,从多侧面、多角度思考问题,挖掘问题的实质。学习一定要讲究"活",只看书不做题不行,只埋头做题不总结积累也不行。对课本知识既要能钻进去,又要能跳出来,结合自身特点,寻找最佳的学习方法。

第四节 好习惯是女孩一生用不尽的财富

有毅力才能成功,做事情绝不半途而废

如果孩子做事有毅力、有耐心,对他们的发展很有帮助,能提高孩子的自信心,但是毅力不是先天存在的,而是靠后天养成的,并且也不是一次两次就能让孩子得到的,父母要注意多方面培养。

父母以身作则,培养孩子的任务意识

想让孩子有较好的毅力,父母要以身作则,做事情不能半途而废,应该争取完成,让孩子看到父母的毅力所在。父母在教育孩子的时候,应该注重以任务为导向,培养孩子的任务意识,绝不允许孩子做事情拖拉,或者遇到困难就放弃,而且,父母要注意孩子的统筹能力,设定一定的任务,让孩子自行完成。

培养兴趣

兴趣是孩子最好的老师,所以,培养孩子广泛的兴趣爱好很重要,如果孩子学会了很多知识,这样会让各种技能相互促

进，就容易让孩子做事更有毅力坚持下去。父母还可以经常跟孩子讲讲有关毅力的故事，能让孩子变得很懂事，比直接讲道理更能让孩子理解。特别是通过看动画片，孩子既能学习知识，又能懂得道理。

设置一定难度

父母在训练孩子的时候，要给孩子一定的磨炼，不要让孩子感觉太容易，而是设定一些困难，使孩子在困难从学会磨炼自己的毅力和耐性，也学会坚强。不过，虽然毅力对于孩子来说很重要，但还是要区别对待，孩子能理解了，就很不错了。父母在培养孩子毅力方面，不要过度，不宜设置太难。比如，想通过爬山锻炼孩子忍耐力，应该根据孩子的体能来锻炼，不可透支孩子体力，否则就容易对孩子身体健康造成伤害。

减少干扰

父母应该减少对孩子的干扰，特别是孩子在专心做一件事的时候，父母一定不要打断孩子，否则，孩子很容易被分散注意力，长此以往的话，孩子做事情也不容易坚持，甚至半途而废。

坚持运动

坚持体育锻炼可以培养孩子的毅力，因此，督促孩子进行体育锻炼是很重要的事情，那么，如果在运动中遇到困难怎么办呢？父母可以注重培养孩子的竞争意识和忧患意识，但是不能蛮干，应该量力而行，这一点应该跟孩子说好了才行。有时候孩子感觉某件事情比较新鲜，往往鼓足劲去做，比如，跳绳，一直跳起来，这样会让孩子感到累，下次可能就不喜欢跳了，因此父母给孩子一些提醒，凡事量力而行，然后才能说毅力。

完成既定目标

父母可以让孩子制订一些阶段性的计划，通过完成逐个计划，能够让孩子实现既定的目标，当然，这种计划包括读书计划、运动计划、交际计划，总之，要让孩子在完成计划中磨炼意志。在孩子即将完成一件事情时，如果孩子坚持不下去了，失去了毅力，父母要及时给孩子打气，比如，夸奖孩子，或者许诺给孩子买好吃的等。

细心认真,不做粗枝大叶的"小马虎"

粗心大意是人类性格中的一个缺点。不论成人或孩子,因为马虎粗心而造成不良后果的事情很多。所以在儿童时期,父母就要纠正孩子马虎粗心的缺点,不要使其成为习惯。一般来说,马虎粗心的孩子开朗、心宽、不计较。这是他们性格中的优点,应该加以肯定、保护,但是很多时候他们的马虎粗心往往就是缺乏责任心造成的。所以对马虎粗心的孩子,要以培养责任心为主,当他们的责任心增强了,自然就不马虎、不粗心了。除此之外,生活习惯、学习环境太热闹,孩子安静不下来,或做得太多,为了赶进度,也会出现马虎、粗心的现象。

从家庭环境和父母自身找原因

对于学习粗心的孩子,父母应避免在孩子学习的时候,把电视声音开得过大,或打牌。因为孩子的注意力是极易受到干扰的,这些做法让孩子无法将注意力集中到学习上,长久之后,孩子便养成了一心二用、马虎粗心的坏习惯。有些粗心的孩子在做作业时不专心,做完作业后也不检查,因为他们习惯于父母帮助检查。这个时候父母应该让孩子自己检查并改正错误,这样才能有助于孩子克服粗心的毛病,养成细心的好习惯。

另外不要为了粗心打孩子,许多父母都打过孩子,可是打孩子的效果到底怎么样呢?从表面上看,打孩子会有比较明显的效果,孩子挨打的时候就告饶:"我不敢了……"可是过了两天还是老样子。也不要为了克服粗心，老是提醒他别粗心。有时候父母一遍一遍地提醒孩子不要粗心，其实是在强化他的粗心啊！如果我们反过来做，在他粗心的时候，不理睬他，淡化他的粗心，然后在他偶尔不粗心的时候马上表扬强化他的细心，这样慢慢地，他就会向着细心的方向发展了。

从孩子的作业量中找原因

有时候孩子的功课太多，紧追慢赶，往往就丢三落四，忙中出错，表现出马虎粗心。针对这种情况，父母就要和老师交流适当减少作业量。以少而精的练习，克服因为赶时间的忙中出错。当然有时候孩子的作业量也不大，但他老是迷恋着看电视，玩玩电脑或是与小朋友去玩，而马马虎虎匆忙应付，等父母检查的时候，错了一大半。对于这种情况，父母应该首先断了孩子玩耍的念头，让他静下心来学习，这样就能避免学习时的马虎粗心。当然，更好的办法是把规定学习时间改为规定学习效果。不管孩子用多长时间，只要孩子能保质保量地完成父母要求的学习任务，孩子就去看电视或者玩耍，否则一律免谈。这样做不但可以克服孩子学习中粗心的坏习惯，还可以提高孩子的学习效率，养成高效学习、自主学习的好习惯，而且对他以后的做事风格都有很大的影响。

培养好的生活习惯

如果孩子的房间里一团糟，鞋子东一只西一只，他的作业往往字迹潦草，做事丢三落四，凭兴致所至，观察没有顺序、思考缺乏条理，表现出典型的马虎、粗心的特点。因此在生活中从小事做起，培养孩子良好的生活习惯，能减少孩子的马虎粗心。

父母平时要让孩子整理自己的衣橱、抽屉和房间，培养孩子仔细、有条理的习惯；让孩子安排自己的课余时间和复习进度表，培养孩子有计划、有顺序的习惯；通过改变孩子的行为习惯来改变他的个性。天长日久，孩子的马虎粗心就会渐渐改善。

培养孩子的责任心

孩子的马虎粗心，最根本原因是缺乏责任心所致。一个有很强责任心的人，做任何事情都不可能马虎，不可能粗心。所以要纠正孩子马虎粗心的习惯，要从培养责任心做起。因为有了责任心，他自然能够小心谨慎地对待每一件事情，避免马虎。现在的孩子多数是独生子女，凡事父母包办的太多，关注太多、提醒太多，从而导致孩子责任心的减弱，养成了马虎粗心的习惯。所以父母应少一些包办、少一些关照、少一些提醒，让孩子自己处理自己的事情；让孩子多承担一些家务劳动，多做一些力所能及的事情，以培养孩子的责任心。有时候父母要狠得下心来，让孩子吃苦头、受惩罚。

孩子睡眠要充足

如果孩子经常粗心，那么很有可能是他睡眠不足引起的。现在孩子的作业很多，经常要写到晚上十一二点。第二天就要早早起床，睡眠时间被压榨，精力怎么可能充足充沛呢？记忆力也会很差的。所以说，父母应该给孩子创造更好的生活环境，让孩子睡得足，才有精力。

适当进行记忆训练

父母也可以适当地锻炼一下孩子的记忆力，可以带孩子参加有关记忆的兴趣班，多少接触一些这样的知识，对于孩子是非常有益的。因为记忆力好的话，能在很大程度上减少孩子粗心大意的情况，对于孩子的学习也好，生活也好，交友也好，都是受益终身的。

✄ 帮助她树立节俭是美德的观念

在物质极度丰富的时代，很多父母都会觉得"教育孩子勤俭节约"这个话题已经过时了。因为现在大家的物质条件都得到了很大的改善，父母们普遍认为没有必要在物质生活上苦到孩子。同时"富养孩子"的育儿思潮在社会上盛行，父母们对孩子提出的吃、穿、玩、用等要求基本有求必应。不过，在物质条件宽裕的这个年代，父母还是要教育孩子勤俭节约：节俭不等于小气，节俭有助于孩子养成良好的生活习惯。我国古代诗人李商隐说："历览前贤国与家，成由勤俭破由奢。"父母要引导孩子树立正确的价值观、消费观，从小培养孩子勤俭节约的良好习惯。

营造勤俭节约型家庭氛围

家庭是孩子接触的第一个环境，父母是孩子的第一任老师，培养孩子艰苦朴素、勤俭节约的良好习惯，父母要注意自己一言一行，只有父母在生活中保持节俭，即使孩子有了不节俭的意识，父母也能够进行说服教育。正如孔子所说："其身正，不令而行；其身不正，虽令不从。"世界首富比尔·盖茨给自己的几个孩子每人每月的零花钱只有3美元，而且定下制度，如果每人的零花钱在月底有结余，那么可适当在下个月多给，这些做法激励了孩子们勤俭节约的好习惯。

克服孩子乱花钱的习惯

许多父母特别是一些老人对孩子宠爱有加，有求必应，有的甚至不用孩子开口就送上前去。由于长期不劳而获，没有计划性，逐渐使他们养成了花起钱来不心疼，养成一种乱花钱的习惯，造成浪费。这些孩子大多根本不知道什么叫节俭、为什么要节俭。在教育孩子时，父母要针对孩子的年龄特点，联系实际生活多给孩子讲解，从身边的小事做起，教育孩子节俭。

克服孩子攀比心理

要让孩子明白应该攀比什么和不应该攀比什么。在知识方面上你追我赶，学习成绩上的攀比，才是有意义的攀比；花钱与衣着上的攀比，是华而不实的；引导孩子比学习、比劳动、比品德。同时，父母要尽可能地让孩子接触成人的工作，使他们明白劳动的不易。时间长了，孩子一定会改掉比钱、比物的坏毛病。

培养孩子的劳动意识

让孩子从小参加力所能及的劳动，教会孩子做家务，放手让孩子承担一定的家务劳动，让孩子体会到劳动的辛苦，品尝到劳动成果的喜悦。不要因为孩子学习，就不让孩子做家务，久

而久之孩子的劳动观念淡薄，就会"四体不勤，五谷不分"。总之，要培养孩子良好的勤俭节约意识和习惯，利用各种机会，向孩子讲述中华民族勤俭节约的光荣传统，让孩子从小受到启发和教育，让他们明白"细水可以长流，节俭也是财富"这个浅显而又深刻的道理，从而树立正确的消费观和价值观。

帮助她树立正确的金钱观

金钱观是对金钱的根本看法和态度。我们都知道有了钱就可以拥有许多东西，就能建立一个在物质上比较富裕的家庭，还能过较为舒适的物质生活。但是，幸福的生活除了物质享受之外，精神上的愉快也很重要。正确的金钱观能让我们对钱有一种正确的认识，要"取之有道，用之有度"。

如果孩子没有正确的金钱观，只知道钱是个好东西，认为钱是万能的，有了钱就能拥有自己想要的一切，就容易变得拜金，自私自利、唯利是图。同时，没有正确的金钱观，孩子就不会懂得金钱是通过辛勤的劳动付出得来的，想花钱就跟父母或长辈要，由此，他们会觉得父母给自己花钱是天经地义的事情。慢慢地，孩子就会形成挥霍、浪费、没有节制的消费习惯，而且还会变得不懂得珍惜，没有感恩之心，不懂得孝顺父母，而有一天，当父母不愿意给孩子零花钱时，孩子很可能会产生怨恨心理，甚至引发相当可怕的结局……因此，树立孩子正确的金钱观，从根本上说，就是为了让孩子积极健康地成长。

为了培养孩子正确的金钱观，应该从以下几方面入手：

让孩子越早认识钱越好

当孩子还小的时候，就开始教他们分辨不同硬币、纸币的价值，然后给孩子准备存钱罐，教他们把零花钱放到存钱罐里。有个实质的存钱罐，可以让孩子清楚地感觉到金钱存放的地方，并且实际看到、感觉到金钱的累积。

帮助孩子养成存钱的习惯

当孩子大一点的时候，就可以将孩子存钱罐里的钱拿出来，带孩子到附近的银行开一个孩子的专属账户。开设银行专属账户的好处，除了可以让孩子真正了解金钱存放的地方，更可以让孩子实际感觉到钱存放到银行可以赚取更多的钱，了解利息是什么。

适当给孩子零用钱

许多父母会认为孩子跟钱的事情无关，他们没有能力，也不需要管理金钱。孩子需要钱就跟父母开口，父母愿意给就给，不愿意给就不给，金钱的事情完全掌握在父母手中。这样的观念其实并不正确。给孩子零用钱，可以让孩子提早认识金钱，也可以让孩子从小养成存钱的习惯，是帮助孩子提早体会责任感的好方式。

帮助孩子学会合理分配金钱

在孩子的零用钱少于想要买的东西时，可以让孩子将想买的东西列出优先次序，这样可以让孩子学会如何取舍，了解很多时候不是想要的东西都可以得到。平时带孩子去商店的时候，也可以让孩子在众多商品当中，只能选一种真正想要的东西。当孩子面对很多玩具或糖果时，往往很难取舍，想要多拿几种，这时父母一定要告诉孩子，只能够选一种，渐渐地，孩子就会学到如何决定。

告诉孩子钱不是万能的

在培养孩子的金钱观时，父母要告诉孩子钱的用途虽然广泛，但也有局限性，并不是万能的。很多东西不是只要有钱就可以得到的，比如，幸福的生活。

第五节 女孩，要学会保护自己

女孩要知道的基本户外避险常识

高温

日最高气温达到35℃（包括35℃）以上，就是高温天气。高温天气会给人体健康、交通、用水、用电等方面带来严重影响。高温天气容易使人疲劳、烦躁和发怒，应注意调节情绪；室内利用空调降温时，温度不宜过低；大汗淋漓时，切忌用冷水冲澡，应先擦干汗水，稍事休息后再用温水洗澡；老人、体弱者或高血压、心肺疾病患者应减少活动，如有胸闷、气短等症状应及时就医。

高温天气应急要点：

①饮食宜清淡，多喝凉白开水、绿豆汤等防暑饮品。

②保证睡眠，准备一些常用的防暑降温药品，如清凉油、十滴水、人丹等。

③白天尽量减少户外活动时间，外出要打伞、戴遮阳帽、涂抹防晒霜，避免强光灼伤皮肤。

④如有人中暑，应立即把病人抬至阴凉通风处，并给病人服用生理盐水或"十滴水"等防暑药品。如果病情严重，需送往医院进行专业救治。

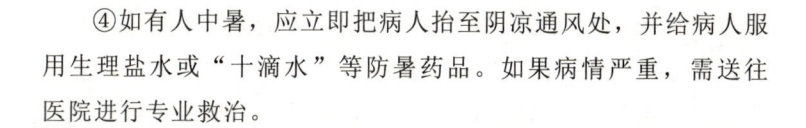

大风

城市中，大风及其在建筑物之间产生的"强风效应"时常会刮坏房屋、广告牌和大树等，并会妨碍高空作业，甚至引发火灾。大风天气尽量不要外出，在施工工地附近行走时应尽量远离工地，并快速通过。不要在高大建筑物、广告牌或大树的下方停留。

沙尘暴

沙尘暴是指强风将地面大量的尘沙卷入空中，使空气特别混浊，水平能见度小于1000米的灾害性天气。沙尘暴会造成空气质量恶化，影响人体健康和交通安全，破坏建筑物及公共设施，严重时还会造成人员伤亡。发生强沙尘暴天气时不宜出门，尤其是老人、儿童及患有呼吸道过敏性疾病的人。外出时要戴口罩，用纱巾蒙住头，以免沙尘侵害眼睛和对呼吸道造成损伤。应特别注意交通安全。

暴雨

暴雨，特别是大范围的大暴雨或特大暴雨，往往会在很短时间内造成城市内涝，使居民的生命、财产遭受损失，给城市交通带来重大影响。在户外积水中行走时，要注意观察，靠近建筑物行走时，要防止跌入窨井、地坑等。室外积水漫入室内时，应立即切断电源，防止积水带电伤人。平时应注意，不要将垃圾、杂物丢入马路的下水道，以防堵塞，造成积水成灾。暴雨期间尽量不要外出，必须外出时应尽可能绕过积水严重的地段。在山区旅游时，注意防范山洪，若上游来水突然、混浊、水位上涨较快时，须特别注意。

雷击

雷雨天气常常会产生强烈的放电现象，如果放电击中人员、建筑物或各种设备，就会造成人员伤亡和经济损失。雷雨天气，注意关闭门窗，室内人员应远离门窗、水管、煤气管等金属物体；关闭家用电器，拔掉电源插头，防止雷电从电源线入侵。在室外时，要及时躲避，不要在空旷的野外停留，在空旷的野外无处躲避时，应尽量寻找低洼之处（如土坑）藏身，或

者立即下蹲，降低身体的高度；远离孤立的大树、高塔、电线杆、广告牌等。还要立即停止室外游泳、划船、钓鱼等水上活动。雷雨天尽量少洗澡，太阳能热水器用户切忌洗澡。

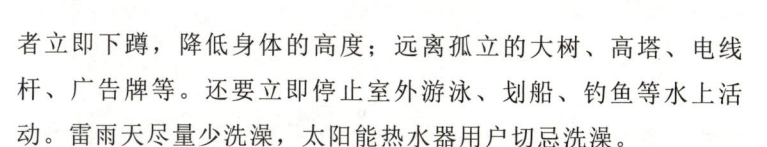

大雾

当大量微小水滴悬浮在近地层空气中，能见度小于1000米时，就是大雾天气。它会给城市交通带来严重影响，容易造成交通事故。大雾天气时，城市中排放的烟尘、废气等有害物质容易在近地层空气中滞留，影响人体健康。在大雾天气出行，行人应注意交通安全，应戴上口罩，防止吸入对人体有害的气体。有呼吸道疾病或心肺疾病的人，在大雾天不要外出，也不要在大雾天气时外出锻炼。

冰雪天气

冰雪天气时，由于视线不清，路面湿滑，给出行带来很多安全隐患，极易发生交通和跌伤等事故。路过桥下、屋檐等处时，要迅速通过或绕道通过，以免上面结的冰凌因融化而突然脱落伤人。

地震

地震灾害的伤亡主要由建筑物倒塌造成。因此，地震发生时应反应迅速，及时采取保护自己的措施。遇到地震要保持镇静，不能拥挤乱跑；震后应有序撤离。对于震动不明显的地震，不必外逃。已经脱险的人员，震后不要急于回屋，以防余震。

住在平房的居民遇到地震时,如室外空旷,应迅速头顶保护物跑到屋外;来不及跑时,可躲在桌下、床下及坚固的家具旁,并用毛巾或衣物捂住口鼻防尘、防烟。

住在楼房的居民,应选择厨房、卫生间等小的空间避震;也可以躲在内墙根、墙角、坚固的家具旁等易于形成三角空间的地方;要远离外墙、门窗和阳台;不要使用电梯,更不能跳楼。应尽快关闭电源、火源。

正在教室和工作场所,应迅速抱头、闭眼,在讲台、课桌、工作台和办公家具下边等地方躲避。正在市区内活动时,应注意保护头部,迅速跑到空旷场地蹲下;尽量避开高大建筑物、立交桥,远离高压电线及化学、煤气等工厂或设施。正在野外活动时,应尽量避开山脚、陡崖,以防滚石和滑坡;如遇山崩,要向远离滚石前进方向的两侧方向跑。正在海边游玩时,应迅速远离海边,以防地震引起海啸。

身体遭到地震伤害时,应设法清除压在身上的物体,尽可能用湿毛巾等捂住口鼻防尘、防烟;用石块或铁器等敲击物体与外界联系,不要大声呼救,注意保存体力;设法用砖石等支撑上方不稳的重物,保护自己的生存空间。

参加震后搜救时,应注意搜寻被困人员的呼喊、呻吟和敲击器物的声音;不可使用利器刨挖,以免伤人;找到被埋压者时,要及时清除其口鼻内的尘土,使其呼吸畅通;已发现幸存者但解救困难时,首先应输送新鲜空气、水和食物,然后再想其他办法救援。

泥石流

泥石流是山地沟谷中由洪水引发的携带大量泥沙、石块的洪流。泥石流来势凶猛，而且经常与山体崩塌相伴相随，对农田和道路、桥梁等建筑物破坏性极大。发现有泥石流迹象，应立即观察地形，向沟谷两侧山坡或高地跑。逃生时，要抛弃一切影响奔跑速度的物品。不要躲在有滚石和大量堆积物的陡峭山坡下面。不要停留在低洼的地方，也不要攀爬到树上躲避。

去山地户外游玩时，要选择平整的高地作为营地，尽可能避开河（沟）道弯曲的凹岸或地方狭小高度又低的凸岸。切忌在沟道处或沟内的低平处搭建宿营棚。当遇到长时间降雨或暴雨时，应警惕泥石流的发生。

从小学习火灾安全逃生技能

做好火灾逃生的基本要求是沉着冷静，充分利用建筑物内的各种消防设施，遵循正确的逃生路线，运用有效的逃生或避难方法。正确逃生方法是在听到火灾警报或"着火啦"的喊声后，不要迟疑，立即起床、穿衣或拿好衣服、钱物，关闭电源，跑出房间，关好门后进入走道，奔向楼梯间，向下层疏散。如有广播，应仔细倾听；遵循广播指引的疏散路线和注意事项。当无广播或无人员指引疏散时，首先应选择距离近而直通楼外地面的安全通道疏散，因为逃到着火建筑物之外的地面最为安全。如打开房门发现走廊或楼梯间有烟气流动时，最好返回洗漱间，将衣服、毛巾淋水浸湿，掩住口鼻，以低姿势循安全通道逃生。除了正常的疏散通道外，一二层的门、窗、阳台等处也是大可利用的安全出口。

当楼梯口或下行通道被烟火封锁时，首先要弄清烟火弥漫的程度和必须通过的距离。如果必须通过烟火区的距离很短，火热很弱，一冲即可通过时，则应在淋湿衣服、掩好口鼻的个人防护下，毫不迟疑地闯过去，就能获得安全。也可利用楼内的消火栓，以喷雾水流掩护人员快速通过。

当着火层、着火层的上部各层和下部各层都必须共用一个安全疏散通道时，则应首先让着火层的人员先行撤离，然后为着火层的上部各层，最后为着火层的下部各层。因为烟火向上部发展蔓延最快，上部首先受到火势威胁。因此，当上部各层着火时，其下部各层人员不必惊慌，与上部各层逃生人员争抢通道。

当确认正常的安全疏散通道已被烟火牢牢封死时，不必惊慌。可使用楼内的其他安全设施，如紧急疏散通道、室外楼梯等设施，尽量向地面疏散。

当确认无法到达地面时，则应以寻找临时避难场所、等待消防救援为主要的行动方向。如进入避难层、避难间、防烟室、防烟楼梯间、撤退至楼顶平台的上风处，进入未着火的防火分区或防烟分区之内等处，求得暂时性的自我保护。

当确认通道已被烟火封死（用手先摸房门，如果烫手则说明门外已有烟火），无法开门冲出房门时，应首先紧闭房门，封堵烟火侵入。避至阳台，若无阳台，可将窗帘、床单、被单等撕开，制成绳索，最好用水打湿，牢固地系于暖气管、窗框等部位，顺绳沿墙从窗口滑下，并借助于枕头或靠垫之类物品，以便"软着陆"。如所住楼层很高，则应依上述方法逐层下滑，直到达到较为安全层，再从安全通道逃至地面。也可利用安全绳、缓降器等工具逐层滑降。因为相对着火层及以上的各层而言，着火层以下各层都还是相对安全的。

总之，火场自我逃生的行动，要根据火势发展情况，楼内环境和消防设施情况，灵活掌握自己的逃生行动。尤其要重视借助排烟系统、通风系统、通信系统、防火分隔设施、安全疏散指示和避难设施等，为自我逃生创造有利条件。值得提醒的是对于未能逃离火场的人员，要选择阳台、平台、窗口、外墙的突出部位等容易被人发现的位置和能够避开烟火侵害的部位以及消防队便于救助的位置进行暂避和等待，以喊话、招手、打开手电筒等方式吸引消防队人员救助。

逃生中可采取的自我保护措施

学会逃生的自我保护的基本方法是保证自我逃生安全的重要组成部分。如在逃生中因中毒、撞伤等原因对身体造成伤害，不但贻误逃生行动，还有遗留后患甚至危及生命的危险。

火场上烟气都具有较高的温度，所以安全通道的上方有毒气体浓度都大于下部，尤其贴近地面处最低。疏散中穿过烟气弥漫区域时，以低姿行进为好，例如，弯腰、蹲姿、爬姿等。剧烈的运动可增大肺活量，当采取猛跑方式通过烟雾区时，不但会增大烟气等毒性气体的吸入量，而且容易发生由于视线不清所致的碰撞、跌倒等事故。

当必须通过烟火封锁区域时，应用水将全身淋湿，用湿布、衣服、湿毛巾或手帕掩口鼻或在喷雾水枪掩护下迅速穿过。

自我逃生中乱跑乱窜、大喊大叫，不但会消耗大量体力，吸入更多的烟气，还会妨碍别人的正常疏散和诱导发生混乱。尤其是前呼后拥的混乱状态出现时，决不能贸然加入，这是逃生过程中的大忌，也是扩大伤亡的缘由。此时，宜另辟蹊径或按照其他方式进行逃生。

房间内的床下、桌下、洗漱间和无任何消防设施保护的走廊、楼梯间、电梯间等部位，均不能作为避难场所，即使暂时看不到火焰，烟气的熏蒸也可使人昏迷致死。跳楼、木然不动、消极等待都是火灾中不可取而应绝对禁止的行为。

另外，在逃生过程中，及时关闭防火门、防火卷帘门等防火分隔物，启动排风和排烟系统，都有利于逃生疏散，应注意利用。

值得注意的是在烟气弥漫能见度极差的环境中逃生疏散，应低姿细心搜寻安全疏散指示标志和安全门的闪光标志，按其指引的方向稳妥前进，切忌只顾低头乱跑或盲目随从别人。起火时，千万不可乘坐电梯逃生，因为电梯井直通大楼各层，烟、热、火容易涌入，烟与火的毒性或熏烤可危及人的生命，而且在高温下，电梯会失控甚至变形，乘客被困在里面，生命安全得不到保证。

在火场逃生时，身上着火怎么办

如果身上着了火，千万不能奔跑！因为奔跑时，会形成一股小风，大量新鲜空气冲到着火人的身上，就像给炉子扇风一样，火会越烧越旺。着火的人乱跑，还会把火种带到其他的场所，引起新的燃烧点。

尽量先把衣帽脱掉。身上着火，一般总是先烧着衣服、帽子，所以，最重要的是先设法把衣帽脱掉，如果一时来不及，可把衣服撕碎扔掉。脱去了衣帽，身上的火也就灭了。衣服在身上烧，不仅会使人烧伤，而且还会给以后的治疗增加困难。

如果来不及脱衣,也可卧倒在地上打滚,把身上的火苗压灭。倘若有其他人在场,可用湿麻袋、毯子等把身上着火的人包裹起来,或者向着火人的身上浇水,或帮助将燃烧的衣服脱下或撕下。

切忌用灭火器直接向着火人的身上喷射。因为多数灭火器的药剂会引起烧伤创口感染。

如果身上火势较大,来不及脱衣服,旁边又没有其他人协助灭火,则可以跳入附近的池塘、小河等水中去,把身上的火熄灭。虽然,这样做可能对后来的烧伤治疗不利,但是,至少可以减轻烧伤程度和面积。

增强女孩的自我保护意识

当今社会正处于转型时期,暴力影视、拜金主义、人际关系的冷漠等社会中的阴暗面,对孩子造成了不可忽视的误导,培养孩子的自我保护能力已是一项很紧迫的任务。父母都希望自己的孩子时刻都能处在安全的状态,可有的时候父母比较忙,没办法时刻都能保护孩子,这就要求父母要帮助孩子快速建立自我保护意识,这样才能令人放心孩子外出。

不接受陌生人的东西

不管陌生人给你的东西是什么,一律都不要接受。只有父母经常这样教育孩子,让孩子明白不熟悉的人给予的物品是不可以要的,如果真的想要的话,那么务必要征询父母的同意。只要孩子能做到这一点,那么是很难被坏人诱拐的。虽然要让孩子礼貌待人,成为一个有教养的人,但是,在有人威逼孩子做有可能给自己带来危险的事情、做父母和老师不允许做的事情,或者是自己不愿意做的事情时,要大声勇敢地说出"不",明确表示拒绝之意,然后离开。

不跟陌生人随便攀谈

如果有陌生人想要接近你,而你的身边又没有监护人在场的话,这个时候你应该要远离这样的陌生人,千万不要跟对方讲话,如若随意攀谈,一旦陌生人拽你走的话,你的呼救也难以取信路人。所以,父母要学会这么教育孩子,让孩子学会自我防卫,让孩子知道坏人在实施其作案计划时,总是装出一副善良的样子,一般来说,他们会找各种各

样的有利于你、帮助你的借口，利用孩子的虚荣、贪财心理，送礼品和送钱物，或者说可以引荐你去参加歌唱比赛等小恩小惠，使你渐渐地钻入圈套。要知道"天下没有免费的午餐"，这些小恩小惠只不过是这些坏人的诱饵而已，看透了这个就不会成为"上钩的小鱼"了。

不要远离父母的视线

教育孩子在外出的时候，最好能够时刻陪伴在父母的身边，而不是跑上跑下，到处乱跑。一旦父母不在身边，孩子就有可能会被坏人拐卖，此时他们的能力还比较弱，是没办法反抗坏人的。因此，父母要教会孩子在父母身边才是比较安全的。

让孩子在原地等待父母

如果孩子外出，不小心走失的话，父母应该教育孩子学会原地等待，而不是随处乱跑，否则父母回头寻找孩子的话，是很难在短时间内找到孩子所在之处的。另外，如若是有陌生人帮助孩子的话，让孩子也不要随意跟陌生人走，尽量在原地等待。

教会孩子如何求助警察

父母不可能预知孩子什么时候会遇到危险，所以应当提前教会孩子如何去识别哪个是警察，在走失的时候如何向警察求助。如果孩子能够掌握这些要领，那么即便哪天不小心远离父母了，起码也知道怎么寻求帮助。

告知孩子家里人的信息

每天跟孩子相处的时候，父母应该尽量告诉孩子家里的地址、父母和爷爷奶奶的名字以及家里人各自的手机号码等各种信息。只要父母经常给孩子讲一讲这些信息，孩子就能将内容记下，若是以后孩子走失了还能很快地联系上家里人。

总之，要告诉孩子，一个人只有时刻保持谨慎的状态，小心地对待自己的生活，懂得防患于未然，才能保证自己处于安全的状态。要让孩子知道，这个世界上虽然还是好人占大多数，但是坏人会在自己一不小心的时候加害于人的，所以，要懂得用"显微镜"观察周围的环境。

保证女孩健康，懂些食品安全知识

要保证女孩健康成长，让孩子度过一个快乐的童年，不只是给孩子好的物质条件就可以了，更不是无原则地满足孩子的口腹之欲。父母一定要懂得必要的儿童食品安全知识，不再盲目地购买食物，保证孩子身心健康。

最健康的白开水

孩子因为代谢快，对水的需求量相对比成人多，因此，水和矿物质、微量元素缺乏或过多，都会影响身体健康。而目前市场上不管是碳酸饮料、营养保健型饮料，还是当前许多家庭热衷的纯净水和矿泉水，都不宜代替自来水作为人的主要饮用水。爱喝饮料、不爱喝水的孩子，常常食欲不振、多动，脾气乖张，身高体重不足。生活中最平常最普通的白开水，其实是适合孩子的最佳饮品。饮白开水不光能满足孩子对水的生理需要，还能为他们提供一部分矿物质和微量元素。烧开的自来水冷却到25～35℃，此时水的生物活性增加，最适合人的生理需要。

不能让孩子长期饮用纯净水

矿泉水与自来水主要区别在于其中某种矿物质或微量元素的含量高，对特定人群有保健作用。饮用矿泉水应有针对性，最好缺什么补什么。例如，有缺锌症的孩子饮用高锌矿泉水就会有益处。反之，如果不缺锌，饮食中的锌供给又很充足，就没有必要饮用这种矿泉水。矿物质和微量元素长期过多地沉积在人体，可能会引发某种疾病，最常见的就是肾结石。专家认为，目前矿泉水消费者普遍具有盲目性。一些父母没有搞清楚每种矿泉水的成分并不相同，其保健作用也不相同，而是将矿泉水当成普通解渴饮料让孩子喝，盲目认为矿泉水比自来水好，这是一种误解。孩子如果常年饮用矿泉水，将会对健康造成不利影响。而蒸馏水、纯净水、太空水等，多数产品在除去水中工业污染物时，也将水中的矿物质和微量元素除去一大部分。长期饮用，必然使人体某些矿物质或微量元素摄入不足，对身体造成不良影响，对正处于生长发育期的孩子影响更大。

孩子不宜多喝可乐、咖啡

大量研究发现，常饮咖啡和含咖啡因的饮料，对孩子身体健康不利。咖啡因实际上是一种兴奋剂，它主要对中枢神经系统产生作用，会刺激心脏肌肉收缩，加速心跳及呼吸。孩子如果饮用了过多的咖啡因，则会出现头疼、头晕、烦躁、心率加快、呼吸急促等症状，严重的还会导致肌肉震颤，写字时手发抖。咖啡因有刺激性，能刺激胃部蠕动和胃酸分泌，引起肠痉挛。常饮咖啡的孩子容易发生不明原因的腹痛，长期过量摄入咖啡因则会导致慢性胃炎。咖啡因能使胃肠壁上的毛细血管扩张，孩子的骨骼发育也会因此受到影响。同时，咖啡因还会破坏孩子体内的维生素B_1，引起维生素B_1缺乏症。

不能长期过量吃冷饮

一到夏季，许多孩子都爱吃雪糕，3～6岁左右的孩子一般都不会控制自己的食欲，想吃就吃。一次让孩子吃4～5个雪糕，或喝掉2～3瓶汽水，这对孩子健康非常不利。首先，暑天人体的胃酸分泌减少，消化系统免疫功能有所下降，而此时的气候条件恰恰适合细菌的生长繁殖，因此，夏季是消化道疾病高发季节。过食冷饮会引起孩子胃肠道内的温度骤然下降，局部血液循环减缓等症状，影响对食物中营养物质的吸收和消化，甚至可能导致孩子消化功能紊乱、营养缺乏和经常性腹痛。另外，冷饮市场有一些产品的卫生状况很差，不少产品不符合卫生标准。在这种情况下，过食冷饮会增加孩子患消化系统疾病的机会。

西式快餐营养单一，不可多吃

经测算，一份西式快餐儿童套餐脂肪提供的能量占总能量的50%，而维生素的含量不足脂肪量的10%。而科学的营养标准是：食物热量的58%来自碳水化合物，30%来自脂肪，12%来自蛋白质。按照这个标准，以汉堡包为主的西式快餐则正好与之相反，具有"三高"（高热量、高脂肪、高蛋白）"三低"（低矿物质、低维生素、低纤维）的特点。高热量、高脂肪会导致肥胖。对于孩子来说，西式快餐的影响会更加明显，若孩子长期食用西式快餐，久而久之还会对身体发育产生不良影响。

彩色汽水会影响体格发育

五颜六色汽水的主要成分是人工合成甜味剂、人工合成香精、人工合成色素、碳酸水，经加充二氧化碳气体制成的。除含一定的热量外，几乎没有什么营养。这里的人工合成甜味剂包括糖精、甜蜜素、安赛蜜和甜味素等。这些物质不被人体吸收利用，不是人体的营养素，对人体无益，多用还对健康有害。那些色泽特别鲜艳的汽水里面含有大量的人工合成色素和香精会给孩子带来潜在伤害，过量色素和香精进入孩子的体内后，容易沉着在他们未发育成熟的消化道黏膜上，引起食欲下降和消化不良，干扰体内多种酶的功能，对新陈代谢和体格发育造成不良影响。此外，一些彩色冰棍、彩色冰砖、彩色袋冰等也和彩色汽水一样对孩子的发育有害而无利，也建议不要食用。

膨化食品尽量少吃或不吃

油炸薯条、雪饼、薯片、虾条、虾片、鸡条、玉米棒等是孩子们喜欢的膨化食品。检测显示，膨化食品虽然口味鲜美，但从成分结构看，属于高油脂、高热量、低粗纤维的食品。从饮食结构分析，有其一定的缺陷，只能偶尔食之。长期大量食用膨化食品会造成人体油脂、热量吸入高，粗纤维吸入不足。若运动不足，会造成人体脂肪积累，出现肥胖。孩子经常食用

膨化食品，会影响正常饮食，导致多种营养素得不到保障和供给，易出现营养不良。膨化食品中普遍高盐、高味精，易导致孩子在成年后患高血压和心血管疾病。这些对于孩子的茁壮成长都是不利的。

营养补品千万不能随意吃

父母认为，给孩子吃补品会促进生长发育，更希望通过它提高孩子的智力，因此会选购各种营养补品，如含有人参、鹿茸、阿胶、冬虫夏草、花粉等营养品。殊不知，这些补品对成人可能有益而无大碍，但对孩子却经常会引发很多不利的后果，如食欲下降和性早熟，因为这些补品中含有激素和微量活性物质，对孩子正常的生理代谢有影响。如果孩子确实身体比别的孩子弱，也最好在医生的指导下使用，不能随意去给孩子吃，否则只会拔苗助长。

常吃果冻会阻碍营养吸收

市场上销售的果冻，绝大多数并不是用水果制成的，而是采用海藻酸钠、琼脂、明胶、卡拉胶等增稠剂，加入少量人工合成的香精、人工着色剂、甜味剂、酸味剂等配制而成。其中的海藻酸钠、琼脂等虽属膳食纤维类，但吸收过多会影响脂肪、蛋白质的吸收，尤其是会使铁、锌等无机盐结合成可溶性或不可溶性混合物，从而影响机体对这些微量元素的吸收和利用。

第二章 养育女孩，父母不可不知的教育艺术

女孩成长必修课，教她们警惕"性骚扰"

虽然儿童性骚扰是一个较为隐蔽的社会问题，但是随着社会的日益开放，儿童与社会接触的日益广泛，儿童性骚扰这个问题还是会逐渐浮出水面，不再是一个不能说的秘密。如果父母不注意，干预不及时，后果将会很严重。

据了解，目前社会各界对儿童性侵害的现象已经足够重视，但是对更为普遍的儿童性骚扰，却比较容易忽视。虽然一般性的儿童性骚扰不至于到性侵害的严重地步，但是各种形式的性骚扰也会使儿童受到长期乃至终身的心灵伤害。有调查显示，约有三分之二的受害儿童会因此产生羞辱、抑郁感，甚至由此对异性产生恐惧，还可能影响将来的婚姻生活。因此，对于这一问题，父母应当引起警惕，教育孩子防范性骚扰的有效方式，让孩子健康成长。

儿童性骚扰会给孩子带来生理和心理的创伤，严重者可能影响孩子以后生活，许多孩子在被性骚扰后都十分恐惧，但不知道是怎么回事，还可能会诱发性障碍，如果父母不理解，孩子会更感压抑，因此父母要给予孩子多些支持和理解。

什么是儿童性骚扰

儿童性骚扰是指发生于成人对儿童的诱奸或者以欺骗为外衣的性攻击。这种性骚扰有时表现为性交，但更多的情况下表现为对儿童性器官的玩弄。女孩受到性骚扰往往是她所熟悉的

人，如邻居、亲戚、学校老师等。他们以下流无耻的语言和动作损害女孩的人格和正常的性羞耻心。例如，用手触摸、咬或指甲搔抓女孩的外阴，玩弄乳房，将女孩的衣服脱光或者强迫女孩裸体做下流动作，或用生殖器顶女孩的身体某些部位，甚至发生性交。男孩受到性骚扰，则为成年人带着邪意狎弄男孩、摸弄男孩的"小鸡鸡"，而更多的都是无意的，例如，父母、亲友和男孩"闹着玩"，而这种"玩"是有性内容的。

父母要留意，如果孩子可能被性骚扰，通过以下现象可以发现：

①**生理方面**：孩子生殖器官（包括阴部、肛门、尿道）有受伤、疼痛、出血或感染症状；孩子行走或坐卧时感到不适；孩子的处女膜破裂或两腿内侧红肿、瘀伤现象。

②**行为方面**：孩子异于平常的情绪反应，如恐惧、退缩、攻击等；对异性或特定的成人反应异常，不是过分亲昵，就是极度害怕逃避；极力掩藏生殖器官等身体部位。

一旦孩子有以上的情形，父母千万不要责备孩子，而应该考虑孩子为什么会出现这种情况，是否遭到了性骚扰或性侵害。父母要保持冷静，不要过度自责，先稳定自己的情绪，才有能力呵护孩子，试着控制自己的愤怒、惊吓，有助于孩子知道父母能处理她（他）所无法处理的困境。同时倾听、了解并相信孩子所说的事，孩子对性侵害的事很少说谎。不要强迫其说一些细节，并告诉她（他）父母不会告诉任何无关紧要的人。父母要及时让孩子接受医生的检查，保留医疗或法律上需要的证明；保存受害的证据；安排孩子至医院检查、治疗；带孩子接受心理辅导，让全家一起参与孩子心灵复原的过程。之后，父母可以告诉警察、社工人员或向民间专业的服务团体求助。

教孩子预防性骚扰

①**告诉孩子身体是属于自己的**。父母要坚定地告诉孩子："你的身体是属于你自己的。你的身体是隐私的，特别是性器官部分。没有任何人有权利看或是摸你这部分的身体，除非是爸爸妈妈为你洗澡的时候，或是医生为你检查的时候。"

②**不需要帮坏人保守秘密**。"如果有人看过或碰过你这部分的身体，或是有人企图或要求这样做，你都一定要告诉父母。如果这样的事情发生了，我们绝对都不会因此就向你生气。我们会很高兴你把实情告诉我们，这是正确的选择。记住，无论是谁，如果他要求你保守这样的秘密，那肯定是错的，即使这个人是警察、你的老师、亲戚、护士或是医生。"

③**相信你的感觉**。"你的身体是属于你的，我们相信你，也要求你相信自己的感觉，所以如果有人看你或是摸你的方式，让你觉得很不舒服，我们希望你相信自己的判断，并选择离开他们。"

④**你也不能触碰其他人的隐私部位**。"和别人不能碰你的隐私部位一样，你也不可以触碰别人的隐私部位，即使是他/她要求你这么做的。"

⑤**大部分人从来不会这么做**。"你可能永远都不会遇到之前说的那些情况，因为大多数人从来不会做这些事。但是万一你

遇到了，就需要你要记得刚才说过的话。"

⑥**尊重孩子并让他学会说"不"**。可以采用一起玩"挠痒痒"的游戏。在游戏中，如果孩子觉得痒得受不了时，父母就要鼓励孩子喊"停"，最好也能鼓励孩子之间遵守这样的规则。"停止"或"住手"需要被尊重，并且是马上执行。告诉孩子，当有人，包括父母、兄弟姐妹或是朋友不尊重他们时，生气是完全合理的反应。

⑦**教会孩子大声呼救**。在别人强迫孩子做他不想做的事的时候，可以大声呼救引起其他人的注意。

⑧**时时叮咛孩子出门在外要小心**。不抄快捷方式小巷、不落

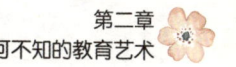

单、不凑热闹。如果被人跟踪，应该尽量选择去热闹、明亮的地方，如：麦当劳，商场等，寻求店员等工作人员的帮助，而不要直接回家。

⑨教导孩子不理会陌生人的搭讪，不轻易相信陌生人的话。不接受陌生人给予的食物或饮料，中途离座如厕后，避免食用桌上的食物、饮料。

⑩教育孩子不要给陌生人开门。无论处于任何环境，需要教导孩子时时保持警觉，但不要做过多的描述来恐吓孩子，使孩子心生恐惧，凡事畏缩。

如何与青春期叛逆女孩沟通交流

孩子到了青春期，情绪会变得十分急躁，并且有了一些自己的小想法。因此，对父母说的话往往听不进去，还会对着干。但此时孩子的内心其实是处于两种阶段融合的状态，即为自己的独立和对父母的依赖。而且青春期的孩子会有一些攀比心态，渴望让自己受到大家的关注。比如，有的孩子会穿一些奇装异服，还有孩子也许会做一些令人发笑的事情。总之，就是孩子会经常性地做一些吸引别人注意力的行动。孩子的这些行为在父母看来，就是"叛逆"，但是孩子在这时期又非常敏感，因此，父母一定要用正确的方式与孩子进行交流。

青春期的孩子自主、自尊、自立的意识明显增强，父母要想与其进行良性沟通，必须将其作为成年人加以对待，并给予足够的信任和尊重，运用共情的能力，以朋友的姿态与孩子平等交流。

信任孩子

信任是人与人之间交往的前提，它具有双向性。父母要想获得孩子的信任，最有效的方式是放低姿态，坦诚自我。在中国传统的家庭关系中，父母往往以高高在上、不可侵犯的权威形象出现。这种传统延续至今，大多数的父母自我壁垒性强，不愿意向孩子敞开自己，习惯用"你不能做""你应该做"的句式教育孩子，这种强硬的命令式口吻，往往会带给孩子一种被打击、被轻视的不平等感。

要想建立融洽的亲子关系，父母应抱有一种与孩子平等做朋友的意愿，以开放、民主、自由的态度与孩子交流。比如，父母可以和孩子聊聊自己青春期时，遇到的困惑、做过的傻事、遭遇的压力，甚至心仪的异性，展现一个真实的、不完美、可亲近的家长形象。

尊重孩子

信任可以拉近父母与孩子的距离，但是作为独立个体，每个人都希望保留自己的空间。青春期的孩子都愿意将自己想象为成人，父母要理解这种心理，并像对待成年人一样给予其充分的尊重，相信他们能处理好自己的事情。需要注意的是，青春期的孩子毕竟还不是真正的成年人，为人处世的稚嫩与不足必然存在。

这个时候，父母可以适当观察，从侧面感受孩子的情感、行为，再给出自己的建议。任何强行干预、直接侵入的行为，比如，翻动日记、偷看手机等，都会让孩子觉得被轻视、被侵犯，从而失去对父母的信任。当孩子遇到问题时，父母要做到客观地评价孩子行为的对错，不能简单地将错误都归咎于孩子，类似"都是你的错""我觉得你不行"这样的表达，会让孩子极度反感。

孩子在十几岁的年龄自尊心很强，最好面子。父母要尊重孩子，对孩子的教育要尽量是单独的、谈话性的，避免公开指责，尤其是在孩子的老师和同学的面前。

理解孩子

"共情"是指一种体验他人内心世界的能力。在青春期教育中，父母也要做到"共情"，即理解孩子当时当下的情绪。两种立场和态度完全不同的回答，孩子由此得到的心理感受自然也会不同。显而易见，充满同理心的回答，容易打破与孩子的隔阂，有利于双方进行深度交流。

同时，无论此时父母多么不爱听，无论多么想阐述自己的观点，父母一定要记住，要先学会倾听，听孩子会说些什么。倾听时要放下手中的工作，眼睛注视孩子，倾听一定要认真，不时反馈一下要点。并且及时鼓励和肯定孩子的诉说：非常感谢你的信任，告诉我你的心里话，放心，未经你的允许我不会告诉别人。很多父母会说孩子不愿意说，那自己有没有反思一下，孩子说的时候自己在认真听了没有？所以倾听非常重要，当孩子看到父母在认真倾听，就会意识到自己得到认可了，会非常兴奋，自然愿意和父母去交流。

需要注意的是，青春期的孩子具有敏感、易怒的心理特点，一旦他们在家庭无法得到理解和认同，那么他们会渐渐向父母关闭心门，转而选择向同学、朋友，甚至陌生人、网络等倾吐自己的痛苦，由此可能带来不必要的麻烦。

放下唠叨和责备

面对青春期的孩子，父母切忌唠唠叨叨，不要总是在孩子耳边讲，自己怎样为他付出，拿自己小时候与他对比或拿别的孩子与他对比，这样做只能招来孩子的逆反心理。要就事论事，具体问题具体分析，帮助孩子解决问题，而不是埋怨、比较。

在孩子成绩下降的时候，父母首先要做的不是责备，而是鼓励。孩子的成绩下降的时候，通常自己已经很伤心痛苦，甚至灰心了。这时父母应该表示关切，鼓励他，帮助他树立信心，帮助他具体分析问题，解决问题。责备会疏远孩子与父母的距离，以致今后出了问题，孩子也不会再主动拿出来与父母协商。

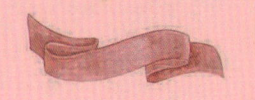

CHAPTER 03
第三章

女孩成长过程中经常出现的问题及解决方法

女孩在成长过程中,总会出现各种各样的问题,包括衣、食、住、行等各方面,比如,女孩厌食、挑食,爱发脾气,虚荣攀比,懒惰自私,胆小怕事,等等,让父母头疼不已。本章将提供实用的解决方案,帮助父母处理这些恼人的问题。

女孩做错事后拒不认错怎么办

每个孩子在成长过程中,都做过大大小小的错事。犯错后拒不认错也是常事,孩子犯了错,父母通常都会怎么做呢?有没有逼他认错?而且还有的孩子明明做错了,却固执地拒绝认错,真是让父母又头疼又生气,还担心孩子拒不承认错误,肯定还会再犯。父母一旦遇到这种情况,首先要搞明白,什么是"认错"。

通常,父母要的认错,是要孩子来向父母"承认错误",要有一个明确的认错过程和认错形式。比如:"爸爸/妈妈,我错了,我下次再也不这样了。"而孩子拒绝认错,拒绝的往往也是这个形式和过程——其实他可能明明知道自己做得不对,或者不好,自己心里也后悔了,也觉得惭愧,但就是坚决不肯乖乖走到父母面前来,说上这么一句话,让父母消气且放心。于是,父母就更加生气——孩子怎么这么固执,这么气人呢?

那么,面对拒不认错的孩子,父母要怎么做呢?

弄清事实,鼓励孩子说实话

孩子做错了事拒绝认错的原因有很多,父母要去找到关键点。有的孩子不认错是因为觉得"我没错"。大多数孩子都天生好动,喜欢探索身边的事物,常常把家中的各种物品当作玩具。而如果父母平时没有和孩子说清楚,哪些东西不能玩不能动,孩子藏了重要东西或者弄坏了某样东西时,父母要求他认错，他确实会不知道自己错在哪里。

有的孩子个性强，倔强、执拗、任性、自以为是，做错了事不愿承认，怕认错后丢面子。有的孩子则从来没有认错的习惯，这与父母的教育有关系，如孩子摔倒了，父母不教育孩子走路要当心，反而怨地不平；小孩子之间发生纠纷，父母往往袒护自己的孩子，说别人的不是。这些都是导致孩子做错事又拒绝认错的原因。如果你的孩子正是如此，那么，父母不要急于追究错误的大小，而应把重点放在如何帮助孩子承认错误上。

首先，父母必须改变以往不正确的做法。是谁的错就是谁的错，要本着实事求是的态度，不要怨天、怨地，混淆孩子的是非观念。

接下来，要鼓励孩子说实话，以亲切的态度告诉孩子："做错了事没关系，只要勇敢地承认错误并愿意改正，就是好孩子。"同时也应严肃地指出："做了错事又不肯承认是错上加错！爸爸妈妈不喜欢这样的孩子。"

待孩子表示认错后，肯定他的进步。再帮助孩子分析他错在什么地方，其严重程度、不良后果等，教孩子今后应该怎样做。让他从错误中接受教训，为今后正确的行为打下基础。

不要过多责备孩子

有时年幼的孩子做错了事，是因为他自己全然不知道那样做是错误的。比如，三四岁的孩子，常把衣服的纽扣扣错位，将袜底穿到脚面上,把两只鞋子穿反等现象。再大一点的孩子顽皮、好打闹,有时会把衣服弄破,或是为了探个究竟,把新买的玩具拆得乱七八糟……这些都是由于孩子的生理和心理特点造成的,他全然不知错。对这类错误,父母不应该过多地责备孩子,更不要说一些伤害孩子自尊心的话。比如:"你真笨""你真是没用"等。

父母正确的做法,应该是在"如何做"上给予孩子以具体指导,不断丰富孩子的生活经验,激发他积极、主动进取的愿望。教孩子在一次次战胜错误的过程中学到更多的本领,学会辨别对与错。

不要打骂孩子

虽然孩子的年龄不大,但他已经出现了独立的愿望,自尊心开始增强。所以,在孩子做了错事后打骂孩子是一种非常失败的教育方法。

有些父母的教育方法简单、粗暴,不是呵斥就是打骂,这常使孩子惊恐万状,无所适从。当孩子做了错事后,为了逃避父母的惩罚,就只好用说谎来掩饰自己的过错。所以面对犯错的孩子,父母要持冷静的态度,分析孩子做错事的原因,本着重动机、轻后果的原则,原谅孩子因生理、心理因素及缺乏经验造成的过失。

给孩子解释的机会

有时候，孩子犯错的原因并不像成人所想的那样。比如，两个孩子打起来了，父母看见的话会立刻制止。可能父母会要求自己的孩子向别的孩子道歉，可有时先动手打人的正是对方。那么，要孩子先认错，孩子就会很不服气，不肯认错。即使孩子知道打架是错的，也会理所当然地认为先动手的人应先道歉才对。因此，有时孩子犯了错，父母要给孩子一个解释的机会。等了解了整个事件发生的前因后果，让孩子认识到错在哪里时，再让孩子认错也不迟。

惩罚的时候要讲信用

有的父母在孩子犯了错之后，虽然承诺不会惩罚孩子，但在孩子承认了错误之后，却因为做的事很不好，还是遭到了父母的批评，有时甚至会挨打。父母认为自己是为孩子好，让孩子记住了，以后就不会犯同样的错了。其实，这样的做法，会让孩子失去对父母的信任，觉得父母说得到做不到。由于孩子"上过一次当"，以后再要孩子认错，就变得难上加难了。

父母要敢于向孩子认错

很多父母觉得自己在孩子面前是权威，往往会为了自己的面子，不向孩子认错，特别是在自己犯错的时候，比如，弄坏了孩子喜欢的玩具等。这时父母可能会用实际行动进行弥补，但却不乐意认错，由此导致孩子也学会了不认错。所以，父母要学会向孩子认错。其实，父母向孩子认错，不仅可以融洽家庭关系，并且可以"现身说法"让孩子明白每个人都会有错的时候，认错不是一件丢脸的事情。父母向孩子认错，不仅不会因为认错而丧失尊严，反而会让孩子更加尊敬父母。

不必强迫孩子认错

其实，很多时候，孩子已经认识到错误，不等于一定要"认错"。父母坚持认为孩子做了错事，一定要明确"认错"，要有认错形式和认错过程，是因为觉得孩子认了错，才会改正。但孩子是"认识到错误"，才有可能改正，而"认识到错误"，不等于一定要表现为"认错"这个具体形式和过程。

所以，当孩子做了错事，父母需要他改正时，第一步要做的，是让孩子"认识到错误"，而不是走到父母面前来"认错"。很多时候，当父母批评孩子、告诉他这样做不对时，孩子内心已经"认识到错误"，父母批评孩子的目的已经达到，再对孩子下次遇到同类事情该如何做的引导，孩子就可以进入下一步的"改正错误"的过程。而一些父母一让"认错"，就来乖乖"认错"的孩子，他的内心可能根本还没"认识到错误"，即便是有了明确的"认错"行动，他也未必能做到"下次不犯"。

比如，有的孩子很敏感，特别担心父母会生气，每次做错事都会条件反射地说"对不起"，一看到父母生气就马上抱着父母哭，哀求父母别生气。这样的父母往往特别容易生气，稍不高兴，一定会表现出来，告诉别人"我不高兴了"，然后要别人来道歉、承认错误，说一些"对不起""我错了""求求你别生气了"之类的话，才满意，才肯"放过"那个惹他不高兴的人。这样的父母对配偶采用这样的方式，也很容易对孩子采用这样的方式，孩子不听话了，或者做了什么大小错事，他会首先告诉孩子"爸爸（妈妈）不高兴""爸爸（妈妈）很生气"之类，甚至威胁孩子"你再这样，爸爸（妈妈）不要你了"，非得孩子承认错误、道歉，才会不情不愿地表示接受，然后恢复对孩子的好言语、好态度。长以此往，孩子的"认错"只是一种条件反射，或许孩子根本都不知道发生了什么事，只会唯唯诺诺看父母的脸色，严重影响他身心健康。

归根到底，"认错"不过是一个形式而已，父母最终的目的是希望帮助孩子改正错误，很多时候也没必要坚持一个徒有其表的形式。

女孩爱说谎，如何及时纠正

孩子的撒谎行为非常普遍，大部分孩子都有撒谎行为，并且不止一次。美国加州心理学家切尔西·海斯和莱斯利·卡佛经过长期观察发现，25%的两岁孩子已经会撒谎，50%的3岁孩子会撒谎，4岁孩子撒谎的比例甚至达到了90%，十多岁孩子的撒谎比例也有70%。

第三章 女孩成长过程中经常出现的问题及解决方法

2～5岁的孩子常常一本正经地胡说八道，但总是错漏百出。比如：奶奶刚给孩子买了一条裙子，她可能会说是妈妈买的；如果孩子迫切地希望自己有一辆玩具火车，可能会煞有介事地跟小伙伴"吹嘘"他有一辆炫酷的玩具火车……这些谎言，父母们一听就知道孩子在撒谎。

当孩子到了6岁后，父母常常不能分辨孩子是否在撒谎。比如：一位妈妈让孩子去洗手，孩子回来后妈妈发现孩子手指干爽，但孩子说洗完擦干了，让人无法反驳；又比如，爸爸让孩子喝药，但孩子笑眯眯地从厨房出来时，爸爸发现他的嘴巴没有一点药味，孩子说喝了很多水……这些现象常常让无数父母抓狂。

当父母发现孩子有撒谎行为，该第一时间看看孩子身边是否有大人或小玩伴有撒谎行为——经常被骗的孩子更爱撒谎。而在日常生活中，父母常常在"骗"孩子，尽管很多人认为这是爱的一种教育方式：当孩子乱跑，大人会说"乱跑会被保安叔叔抓走"；当孩子

不爱吃饭,大人会说"不吃饭就把你丢街上";当孩子不穿衣服时,大人会说"不穿衣服以后也别穿";当孩子哭闹,大人会说"再哭就不要你了"……通常看看孩子曾经遭遇的这些,就不难弄明白为什么孩子爱撒谎了,孩子们总是能学会看到的行为。

无论孩子是因为模仿还是其他的原因,别把撒谎的孩子当成坏孩子。因为孩子模仿大人或他人的行为,他们在一开始没有道德判断,别人那样做,所以他们也那样做了。而因为其他原因撒谎的孩子,如果直接贴了"坏孩子"的标签,会让孩子感觉沮丧和无助,也不利于孩子纠正撒谎行为。

在孩子心中建立道德标准

当孩子只是一本正经地胡说八道,比如,跟其他小朋友瞎吹说奥特曼是他的好朋友,混淆了现实和想象,父母常常是不需要理会的;但是当父母发现孩子撒谎是有目的性的,比如,为了避免惩罚,那么就要重视了。从发现孩子撒谎行为的第一时间,父母要明确告诉孩子——撒谎是错误的、不道德的行为。让孩子在心中建立清晰的道德标准。越年幼的孩子越是常常分不清对错,所以父母的教导和提醒尤其重要。所以,当孩子处于撒谎阶段,通常也是给孩子建立道德规范的最佳阶段。

改变对孩子的提问方式

别再问会招致孩子撒谎的圈套式问题——是指父母已经知道

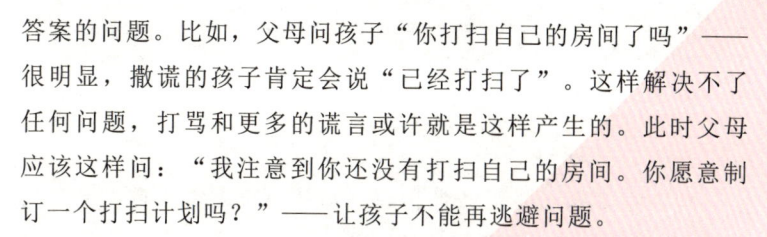

答案的问题。比如,父母问孩子"你打扫自己的房间了吗"——很明显,撒谎的孩子肯定会说"已经打扫了"。这样解决不了任何问题,打骂和更多的谎言或许就是这样产生的。此时父母应该这样问:"我注意到你还没有打扫自己的房间。你愿意制订一个打扫计划吗?"——让孩子不能再逃避问题。

父母要专注于解决办法,而不是责备孩子为什么不做这个不做那个,还爱撒谎。比如,让孩子做家务的时候,不要直接问"你做完家务活了吗?"而是说:"我们怎样才能完成这些家务活呢?"

适当的规则和惩罚措施

父母要给孩子建立清晰的规则和奖励措施:如果撒谎了,将得到什么惩罚;如果表现诚实,将得到什么奖励。从一开始便给孩子说明清晰的规则,有利于减少孩子的撒谎行为。并且明确的规则有利于孩子遵守,因为孩子们很少有第一次就能弄懂规则的,有时需要重复多次。

惩罚虽然能抑制孩子的撒谎行为,但不能过于严厉,这会让孩子对父母失去信任感。并且,惩罚了这次,孩子下次可能会为了避免惩罚而撒更多的谎言。看看那些由于撒谎而经常被打骂的孩子,他们的撒谎行为可是屡教不改。

父母可以日常记录孩子的良好行为与不良行为,并且用分数表示。当孩子认真做家务后可以得10分,细心清洗玩具后可以得10分,如果有撒谎行为时会扣20分,属于精神惩罚。每当分数凑到100分时，父母可以适当给予孩子精神上或物质上的奖励。

女孩缺乏责任感怎么教

现在很多孩子生活条件优越，却从小缺乏责任感，不会收拾自己的玩具，扔得满地都是，让人无处下脚；不爱打扫自己的房间；自己哭着闹着买的小宠物，不到两天就扔在一边不管了……有人说："孩子年纪还小，等到长大了，就会比较懂事。"然而，不负责任的孩子，长大后也很容易成为一个不负责任的大人。责任感应该从小就培养，责任感是做人的基本素质。孩子在成长中，对一些事情往往没有责任感，因为他们不知道责任是什么。因此，父母一定要从小培养孩子的责任感。

父母做好榜样作用

"自己的行为就要自己负责。"——父母要给孩子灌输这个观念，这个观念的树立，对成长中的孩子有重要影响，让孩子不要过分依赖父母，自己要对自己负责任。责任感是一个人人格的重要组成部分。一个有着强烈责任感的人会勇敢地承担起自己对父母、对他人、对社会的责任，他们会尽最大努力把应该办的事情办好；而一个没有责任感的人则会逃避自己的责任和义务，容易随波逐流，无所事事。

而父母的榜样作用是巨大的，父母对孩子影响不仅是深刻的，而且是终身的。父母在生活中所表现责任感的强弱，是孩子最先获得的责任感体验。父母自身对家庭、对社会的责任心如何，对孩子来说是一面镜子，父母的责任心水平可以折射出孩子的责任心。一个对家庭、社会毫无责任感的父母，不可能培养出有责任心的孩子。

让孩子勇敢面对不负责任的后果

孩子总会有犯错的时候，父母不用太过在意，要允许他们犯错并改正，但要学会承担责任。父母要求孩子要勇于对自己的言行负责，不论孩子有什么样的过失，只要他具备承担责任的能力，就要让他去勇敢地面对，不能逃避和推卸。父母要让孩子从小就养成对自己负责任的态度，培养孩子的责任感。面对挫折困难敢于勇敢地面对，敢于负责任，这是孩子人生中最为重要的一课，对其成长大有益处。不负责任地做事情，必然会带来些不好的后果，这时，父母不要忙着帮孩子解决问题，可以让他自己承担不负责任的后果，并协助他一起设法补救。

比如，孩子借别人的东西时，没有好好保管，把别人的东西弄坏了，父母一定要让他再去买一个还给对方，即使对方觉得东西不值钱、没有必要还。父母也要坚持让自己的孩子给予对方赔偿。要让孩子知道，谁造成的不良后果，就应该由谁来勇敢地担当责任。

多给孩子实践的机会

父母要培养孩子的责任心，就必须让孩子实际承担责任，让孩子在参与中培养责任心。父母要给孩子机会,让他对家庭、父母、家人承担一些责任。只有多为孩子提供实践的机会,孩子才能逐渐提高自身的责任意识,孩子通过做事就会得到对"责任"的一种宝贵的心理体验,这样的心理体验多了,孩子的责任意识自然得到强化和提高。

父母要严格要求孩子,从小就不能太过依赖父母,凡是自己能做的大大小小的事,比如,穿衣、吃饭、洗脸、洗手巾等,都该自己去做。孩子只有从小就养成了对自己的事情负责的良好习惯,才有可能逐步学会对父母、伙伴、老师和家庭、幼儿园等有关的人和事负责。

让孩子独立学习、吃饭、穿衣的同时,就该给他添置些小巧的扫帚、铲子、水壶、抹布等,好让他学习扫地、擦桌椅、浇花、喂小猫等家务事。父母洗脚时,可以要求孩子帮拿拖鞋;吃饭时,要他给爷爷奶奶添饭等。孩子在做这些事时,父母一定要向他讲清楚:父母对他的衣食住行等问题要负责,他也有责任做些力所能及的家务事。

鼓励孩子做事情要有始有终

孩子好奇心强,什么都想去摸摸、去试试,但是随意性很强,做事总是虎头蛇尾或有头无尾。所以交给孩子做的事情,哪怕是很小的事情,父母也要有检查、督促以及对结果的评价,以便培养孩子持之以恒、认真负责的好习惯。

随着孩子年龄的增长,父母要逐步教孩子自己的事情自己做。做之前提出要求，鼓励孩子认真完成。如果孩子遇到困难，父母可在语言上给予指导，但是一定不要包办代替，让孩子有机会把事情独立做完。

父母可以提出一些问题，引导孩子独立思考和选择，大胆发表自己的见解。让孩子感到家庭的美满幸福，要靠父母和自己的共同参与，进而增强孩子对家庭的责任感。

人只要有了责任感，才能感受到自我存在的价值和意义，才能真正得到人们的信赖和尊重。父母对孩子责任心的培养要持之以恒。孩子责任心的形成也是一个良好习惯的形成，不是一朝一夕就能达到的，需要长期而系统地进行。有时，在培养孩子责任心的期间也会出现反复的现象。所以父母要细心地观

察、及时沟通，并以身作则促进女孩责任心的养成，使"责任感"牢固地占据孩子们的心灵。

如何克服女孩的恐惧心理

绝大多数孩子通常都对某些事物有恐惧心理，而且当别人取笑他们，告诉孩子感到害怕或被吓哭是不好的，或者直接说孩子是过度敏感时，孩子的恐惧会变得更强烈。恐惧通常来自未知的事物，比如，很多成年人都会害怕黑暗。但是，孩子们的恐惧有时候是有真实原因的，如被人欺负或受到虐待。父母有责任知道何时应该保护孩子，何时应该在不过度保护的前提下帮助他们。

父母不要嘲笑、轻视、评判或忽视孩子的恐惧。同样，也不要夸大、过度保护或试图通过解释消除孩子的恐惧。要倾听孩子的诉说，让他告诉父母在害怕什么。要认可孩子的感受，帮助孩子找到对付恐惧办法，比如，孩子怕黑不敢睡觉的时候，可以让他们自己选择对付恐惧的办法：是选择手手电筒、小台灯，还是自己喜爱的玩具呢？一味告诉他们别害怕是不起作用的，寻找合适的解决方法才能有所帮助。有时候，孩子们的恐惧是没有理性的，并且他们也无法解释。他们或许需要父母的支持和反复安慰，直到恐惧消失。

第三章
女孩成长过程中经常出现的问题及解决方法

怕黑

女孩之所以怕黑,有的是因为要和父母分房间睡觉;有的是因为害怕黑夜中有怪物;还有的可能是孩子经历了精神创伤,表现为怕黑。父母应根据不同的原因采取不同的措施。如果孩子是因为和父母分房睡而怕黑,可以尽量采取循序渐进的方法,例如,逐渐缩短睡前陪伴孩子的时间,直到孩子适应。另外,父母要经常告诉孩子,有多爱他,给他安全感。如果孩子因为想象而产生恐惧,"素材"往往来自电视,要尽量让孩子看内容和他的日常生活更接近的节目,临睡前尽量选择安静

的活动，父母还可以对孩子解释，让孩子理解想象和现实的区别；如果孩子是因为生活变动而产生怕黑心理，父母应给予孩子更多的亲情；如果是由于创伤性事件导致孩子经常恐惧，那就需要寻求专业人士进行心理辅导。

怕生

一般来说，6个月大的孩子已经认识自己的妈妈了，并和妈妈建立起依恋的感情。到7个月左右，孩子不仅能识别陌生人，还会害怕陌生人，尤其害怕男性。其实，这种"怕生"的自然表现，也是孩子自我保护本能的一部分。遇到此种情况，父母不要让孩子总待在家里，应该经常带他外出，接触不同的环境、不同的人，给孩子创造接触更多人的机会。此外，父母也应尊重孩子的感受，不要强迫孩子一定要和陌生人亲近，比如，被抱、被亲等，让孩子在他感觉安全的距离内和他人交往。

害怕陌生事物

有时孩子害怕的东西在成人看来不值得一怕，例如，一只会摇头唱歌的娃娃，甚至是妈妈戴了墨镜的样子。研究发现，完全熟悉和完全陌生的物品都不会让实验的动物感到害怕，但中等陌生程度的物品则会激起动物最大程度的恐惧，因为熟悉意味着安全，而完全陌生的事物，因为不了解，反而不被引起关注。但是，中等程度的陌生，既能被识别，又与以往的经验不同，最容易引发孩子的恐惧心理。

父母可以让一件事物从陌生逐渐变成熟悉，就不会让孩子害怕了，例如，将娃娃摆在房间里，让孩子逐渐熟悉，然后再让娃娃发出声音，孩子就不会害怕了。父母还可以主动示范玩娃娃，让孩子知道娃娃并不危险，孩子就会从父母的态度中消除害怕的心理。父母也不要强迫孩子去做他们害怕的事情，比如，游泳或骑马。有些父母坚持让孩子做他们害怕的事情，造成了孩子一生都难以摆脱的恐惧感和强烈的无能感。

女孩变得胆小怕事该怎么做

有些父母觉得孩子越来越胆小怕事了，有时候做错事了，父母还没教育呢，孩子就在那儿瑟瑟发抖；有的孩子出去，不敢和别的孩子一起玩，总是要父母抱着；还有的孩子在家很"横"，出门后就什么都不敢做……那么，这些孩子胆小是天生的吗？其实孩子在成长的各个年龄段都会害怕一些事物，会有胆小的表现，比如，两岁的孩子听见打雷会有惊跳反应，害怕父母无声地离开；5～6岁的孩子害怕妖魔鬼怪，不敢单独睡觉，害怕受伤流血等，这些都是正常的心理表现。

不过，如果孩子在各方面表现都很胆小，比如，在课堂上不敢举手发言，说出自己的想法；不能独立做事情，有较强的依赖性；沉默寡言，不愿跟大家一起玩等，他们缺少了同龄孩子那种爱动、贪玩、好奇的特点。孩子出现这样的状况可能就需要父母好好反思是不是自己的教育方式出了问题。

不给孩子贴标签

当发现孩子有胆小退缩的行为时,不要拿他跟那些善交际的孩子比较,要体谅他的心情。有的父母会当着孩子面,跟朋友说:"这孩子一到外面就打蔫儿,不会说话。"或者遇到孩子不愿意和其他孩子一起玩,就生气地责备:"你怎么这么胆小,看别人玩得多开心!"如果孩子经常听见父母这类评价与抱怨,不仅会从内心削弱对自己的肯定,也会让他们给自己贴上"我是胆小的""我不会说话"的标签,觉得自己就如父母描述的那样,继而会变得越来越胆小、不自信。

其实很多情况下,孩子的一些胆小表现是符合他们年龄发展需求或者性格特征的,父母应该理性地看待他们这种表现,就事论事,不要简单将某次的具体行为认为是性格缺陷,给他们贴上"胆小怕事"的标签。这样只会增加孩子的压力和挫折感,使他更加胆怯和退缩。

顺其自然,耐心引导

孩子胆怯的行为是随着年龄增长,在环境和教育的影响下逐渐发展而来的,不能指望一朝一夕就能克服,一定要遵照循序渐进的原则,耐心引导。要积极强化孩子表现出的闪光点,鼓励孩子努力克服所遇到的困难。比如,孩子不敢自己去买东西,父母可先带着孩子一同购物;告诉孩子购物的一般程序,下次再陪孩子去同一家商店,鼓励要买多少等。开始时,孩子可能不敢说话，父母可帮他开个头，然后让孩子接着往下说。几次下来，孩子渐渐熟悉了这家商店后，父母就可以在远处看着孩子自己去购买，以后再让孩子单独去其他商店。

不要恐吓孩子

有的孩子无论走到哪里，都要房间灯亮着，只要灯熄了就会一直哭闹，包括晚上睡觉也要开着灯。原来，当孩子不听话时，奶奶就会吓唬她："不听话，就把你关进黑屋子，让屋里的黑猫猫咬你。"在奶奶的描述下，孩子对那个"黑猫猫"充满了可怕的幻想，认为那是一个张着血盆大口、满嘴獠牙、只想咬人，还一直待在黑黑的地方静静地凝视你的可怕生物。在这样的恐吓中，她经常战战兢兢，越来越胆小了。

在生活中，很多女孩都是从小被吓到大，诸如"不听话，就不要你了""不听话就把你关黑屋，让黑猫咬你""不乖乖睡觉，怪物就来抓你了"等。这类恐吓的语言往往让孩子陷入恐惧，这也是孩子"胆小怕事"的源头。如果孩子想做的事很危险，父母也不应该恐吓，而是要直接告诉她："危险！这样会划伤手指，不可以这样做！"

不要太过严格

如果父母对孩子的要求太过严格，经常会要求孩子做自己不愿意做的事情，让孩子失去判断能力，长期下来孩子感到无主见不知所措，自然内向胆小很怕事。对孩子要求严格些没用错，但如果太过苛刻，要求太高，对孩子来说很好奇的事物都表示不让触摸或者不许玩，甚至不让过问，长期下来孩子习惯跟着"规矩"办事，就缺少了创新精神，自然更孤僻一些，容易胆小怕事。

带孩子"走出去"

如果孩子外出活动的机会和时间都十分有限，孩子就习惯于在一个相对"稳定安逸"的状态下生活，一旦接触到更广阔、多样的环境，难免显得胆怯、畏缩，这一点在隔代教养的孩子身上尤为突出。因此，父母要尽可能多带孩子出去走走，和社会接触，利用社会生活中不同的场景和对象，有意识地为孩子创造与人交往的机会。比如，带孩子去朋友家，鼓励孩子主动加入其他小朋友的游戏；带孩子走进大自然，和孩子一起爬山、下河、捉鱼等，找寻大自然的神奇与奥秘等。

当孩子出现一些"胆小"的表现时，父母一定要淡定处之，冷静分析是否为孩子在这个年龄阶段的正常反应，如果孩子确实表现为过度脆弱、胆小，那就要引起注意，及时反思并改进自己的教育方法。

女孩太害羞了，见到陌生人就不敢说话怎么办

很多父母都会遇到这样的情况，随着女孩逐渐长大，小时候那个活泼开朗、天真调皮的小女孩突然变得"害羞"了，只要

有人跟她说话,她就会躲在父母身后,还不愿意回答别人。女孩这么害羞,父母该怎么办呢?

不要轻易给女孩贴上"害羞"的标签

有些人认为孩子天生就害羞,尤其是女孩。当孩子行为内向时,就可能被贴上害羞的标签。孩子们常常很容易就接受了别人给他们贴的标签,并且会用这些标签来寻求过度关注。当然,害羞还可能是女孩想达到一个目的的下意识的行为。害羞的女孩可能有一个外向、交往能力强的兄弟姐妹,她可能在下意识中决定自己不得不找到其他方法来得到在家中的归属感。如果父母给一个孩子贴上"害羞"的标签,可能是在宣判她一辈子都是一个害羞的人,这会可能会造成更严重后果,包括女孩会变得更孤独、不合群以及害怕尝试任何新东西的状况。

父母要理解女孩"害羞"的行为,跟别人介绍她或者当她拒绝回答别人时,不要说她"害羞",不要有意无意就让她觉得自己是"害羞"的孩子,从而为自己所有的行为找到了理所当然的借口。有时候,孩子这种"害羞"也是好事,当孩子想尝试新事物,发现一种新的状况,觉得自己不想和别人交往,或是感觉被强迫的时候,要允许孩子谨慎对待这些新情况。不要给孩子贴标签,这正是孩子学习判断和思考的时候。此时也不要替孩子回答问题,也不要试图哄孩子开口。父母只需要继续做自己的,并相信孩子在准备好之后会加入。

提供交往机会

父母要多鼓励孩子,少批评孩子,尽可能地多为孩子提供与人交往的机会。比如:鼓励孩子与小朋友一起玩;在家可让孩子接待客人,做一些力所能及的招待活动,让孩子为客人送茶水、糖果、搬椅子,鼓励孩子回答客人的问题;父母带孩子上街买东西时,让孩子自己告诉营业员买什么东西,并向营业员道谢,告别等;督促孩子参加班里的一些讨论或活动;向邻居借东西时可以跟在孩子后面让孩子去说、去做;过生日或有事找亲戚、朋友时可让孩子传话。

在给孩子提供交往机会的同时，父母还要注意尊重孩子的意见，提高孩子的自信心。在日常生活中，善于并及时发现孩子身上的闪光点，多表扬孩子的长处，也是很重要的，这样孩子的害羞心理会有所改善。

让孩子做力所能及的事

幼儿期的孩子爱提问、爱模仿、爱做游戏。在行为特点上，喜欢争着做事，并按自己的想法去做，并常常表现出顽皮、不听话等倾向，这是自主性发展的表现。父母如果总是事事代劳，或有的指责孩子，有的心疼孩子小，生怕孩子做不好等，那么，就会压抑孩子自主性的发展，使他们怀疑自己的能力，形成胆怯心理。因此，父母要多鼓励孩子做些简单的事，如自己穿衣、洗手洗脸、整理玩具、图书等。孩子做对了，要给予肯定表扬，做得不太好的地方，除告诉他们应该怎么做外，还应该鼓励他们下次做好，增强孩子发展自主性的积极性。

同时，父母要让孩子参加各种集体活动，在群体中，孩子会找到自己的榜样，然后模仿他的行为，这样，孩子对父母的依赖相对就减少了。在集体中表现自己，还能增强孩子的自信心，对他自主能力的发展也是一种促进。同时可多让孩子参加各种集体活动，加强孩子自信心的培养。

少指责，平等教育

父母要了解孩子在这一时期的身心发展特点，在孩子做错事时要辩证地分析原因，多注重动机，少强调结果，不能一味地指责。比如：有的孩子看见妈妈在擦桌子，想帮忙也去擦桌子，结果不小心把东西打坏了，如果妈妈任意指责，完全不肯定孩子积极性的一面，就很容易会造成孩子怀疑自己的能力而变得害羞胆怯。同时，对孩子不良的行为习惯也不能只批评指责，更不能讥笑打骂，否则更会伤害孩子的自信心和自尊心。

父母教育孩子时，要采取民主和平等的方式，这样孩子就比较容易形成和善交际、能和人合作又能独立自主的性格特征。如果采用专制的方式，那么孩子较容易出现情绪不稳定、依赖性强、胆怯、看见陌生人害羞等现象。

减少问题的发生

父母要让女孩知道，内向的人和外向的人拥有同样多的优势，只是有不同的优势而已。要和女孩讨论她的行为，耐心询问她这样做的原因，或者孩子只是不希望别人打扰她。如果孩子不希望别人打扰她，可以让她直接说出来："我现在不想回答问题。"在孩子还没有准备好时，千万不要试图强迫孩子在亲戚朋友面前表演，比如，唱歌、跳舞、演奏乐器等，父母或许只是想展示下自己所谓的"教育成果"，但对有些孩子而言，就会非常糟糕，他们根本就不想这样做。

女孩出现"偷窃"的坏毛病，如何纠正

有些孩子，不懂什么叫偷窃，只要自己感兴趣的东西就要据为己有，尽管有些东西对他们来说毫无使用价值，也照拿不误。他们把幼儿园的东西或别人家里的东西带回家里，或者悄悄把商店货架上的东西拿走，等等。他们是由于自控能力差，并且尚缺乏"物品归谁有"的概念，因此，还不能称他们的上述行为是"偷窃"。

五六岁的孩子在自我意识方面有了很大的发展，他们不太满足于自己的思想和行为完全受到父母的掌控，于是想自己有一个秘密，而当他们选择了不恰当的方式时，不良行为可能就会出现。从朋友家里偷一件小东西，计划、实施和完成这种"挑战"，有时会让他们费些心机，不像3岁的孩子可能只是1秒钟的冲动。而且五六岁的孩子逐渐出现了攀比心理，当看到和他要好的朋友都拥有某件玩具而他没有时，心里会不好受。再加上各种形式的商业广告的影响，拥有新潮玩具似乎是生活的必需，"偷"这种看起来简单和直接的方式，能够让孩子成为潮流中的一员。

偷东西的行为大多发生在孩子幼年时，大多数孩子并不清楚偷盗这种行为的卑劣之处。因此，父母要在这个方面进行正确的引导和教育。千万不要让孩子养成"偷窃"的习惯，以免贻害终生。

冷静面对，问清原因

孩子发生偷拿行为之后，父母最先要做的是控制自己的情绪，先冷静两分钟。在自己情绪不再冲动的状态下，再与孩子正确地交流，了解孩子偷拿东西的原因。千万不可当着他人的面训斥孩子，以免使孩子产生羞辱感。孩子产生偷拿行为的原因各式各样，一定要准确了解孩子偷拿行为的背后因由，才有可能真正地引导和教育孩子。除了与孩子谈话，听孩子说出理由以外，还要根据孩子的实际情况，判断孩子说出的理由是表面的还是深层的。因为孩子年龄小，往往说出的理由是表面的，甚至说不出来什么正当的理由，父母这时候一定要自己去分析孩子偷拿的原因是什么。

给孩子强化"所有权"的观念

一般来说，孩子到了两三岁的时候，应该懂得所有权的概念。建议父母专门教会孩子所有权的概念，并能尊重孩子的所有权，加深他们的所有权意识。比如，教育他们懂得公私之分的道理，比如，给孩子一个专用的箱子，放他们的玩具、书本等，父母用他们的东西时，也要先征得他们的同意才能拿走。生活中给一些物品贴上标签，让孩子知道哪些东西是他的，哪些东西不属于他，拿之前要先打声招呼。

让孩子自己处理问题

如果孩子偷了东西，父母要思考如何把东西还回去或用钱进行补偿，而不是指责或责骂孩子。要告诉孩子，偷来的东西必须还回去，并且需要她想出一个归还的计划。如果需要，可以先给孩子一笔钱进行补偿。要制订一个她能承受的还钱计划，并每周从她的零花钱里扣除。要保存一份还款记录，以便孩子能看到自己做得怎么样。

适当给孩子零花钱

对学龄儿童，父母可以每周给适当的零花钱，同时也要教育并教会孩子怎样合理计划使用自己的零花钱。但不要粗暴地参与孩子零花钱的使用。让孩子通过对自己零花钱的管理学会怎样理财和合理预算规划使用零花钱，并购买自己喜欢的玩具用品等。同时也要教会孩子控制自己"见什么要什么"的欲望。

父母的榜样作用

孩子的模仿能力强，他们模仿的对象首先是父母，因此，父母首先要严于律己，不贪小便宜，不随便拿别人的东西。如果发现孩子把别人的东西拿回家，应该耐心教育，让孩子归还，并且告诉孩子不是自己的东西不应该拿。一旦发现了孩子的"偷窃"行为，不要大声训斥，严厉惩罚，更不要把他的行为公布于众。与他交谈时，切勿说出"偷"字，不要让孩子对他所犯的错误产生不恰当的犯罪感。

建立良好的亲子关系

及时满足孩子的情感需要,对3岁以内的孩子,父母尽量不要与其长时间分离,使孩子有被抛弃、受冷落的感觉。长期分离,会使孩子因为情感上得不到满足,导致产生焦虑、孤僻。而孩子为了满足自己的情感需要,会在不知不觉中发生偷拿行为。确实因工作困难需要与孩子分离时,父母尤其是母亲,要经常回家探视孩子,或通过电话、视频等现代化手段与孩子多联系,多沟通,增加感情的交流,减轻孩子的焦虑不安和孤独感。

其实,绝大多数孩子都至少偷过一次东西。当孩子偷东西时,绝大多数父母会过度反应。在惊慌中,父母会指责孩子是"小偷"或者"骗子"。父母往往会因此而错误地打孩子、禁足或羞辱孩子,认为这会防止孩子长大后成为小偷。但是,评判和惩罚孩子,只会使情况更糟糕。处理偷窃行为可以为父母提供一个机会,帮助孩子练习思考能力、社会责任感,并思考互相尊重的解决方案。

"网瘾女孩"怎么管教

现代社会,不只是男孩容易染上网瘾,很多女孩也有着和男孩一样接触网络的机会。因此,"网瘾女孩"也不在少数,甚至"网瘾女孩"比男孩会更叛逆，让父母更加头疼。女孩有"网瘾"，不仅影响学习，还影响她的精神状态。但是如果父母管教不恰当，可能造成女孩更严重的叛逆心理。

理解女孩，耐心引导

很多时候成年人对于各种各样的网络游戏和电子产品也是很难控制，因此父母发现孩子出现问题时，应该静下心来想想，是否都是孩子的错呢。很多迷恋网络的女孩其实是在网络中满足一些在现实生活中无法满足的心理需要，被父母、老师过分控制、否定、责罚的女孩会在网络游戏中享受到指挥千军万马的控制感、自我价值感。而在现实生活中与父母缺乏沟通、在学校也朋友不多的孤独的孩子，会在网络聊天中去满足交往的需要。孩子的心理需求如同洪水，仅仅"筑堤"是不能解决真正问题的，还是要靠"疏浚"来引导，而引导需要从沟通开始。

父母应该和女孩多聊聊网络，有助于获得孩子的信任，成为孩子的"大朋友"，也有助于以此为契机走进孩子的内心，真正地了解孩子，从而更好地引导孩子。平等的交流会让孩子觉得更轻松，也更容易让孩子接受父母的意见。

营造和谐的家庭环境

一个家庭的健全和温馨程度会对孩子的成长造成很大的影响，让孩子在更为健全温馨的家庭中长大，孩子不容易产生偏激心理，从而出现"网瘾"的可能性也会降低。

适时的管控

当父母遇到太过"顽固"的孩子，适当的管控还是有必要的。对孩子上网必须提出必要的约束条件，对孩子要实行限时上网，并有目的地培养孩子良好的上网习惯，父母可以把电脑放在看得见的地方，不要放在孩子的卧室，最好放在客厅里，这样随时可以掌握孩子的动态。父母不能随时跟在孩子身边时，可以通过软件对家中的电脑进行管控，设置网络的禁用时间，过滤掉不想让孩子浏览的不良网站，通过这些方式，也可以帮助孩子健康上网。

第三章 女孩成长过程中经常出现的问题及解决方法

带着女孩"走出去"

很多孩子依赖网络,还有一个很重要的原因是长期待在家中,他们缺乏陪伴,也不愿意自己出门,这个时候,唯有电脑可以给他们带来新鲜感。父母不妨抽出时间带孩子多认识一下外面的世界,了解得多了,选择得多了,产生网瘾的机会就变得少了。

女孩总做干扰或烦人的行为怎么办

有的父母会发现,当自己接电话或与来访的朋友聊天时,孩子会不停地干扰自己,一会儿拿玩具过来问,一会儿又要看电视,一会儿又是找不到某样东西了。就算跟他强调一百遍"不要打扰我了",但孩子还是照旧。这样的情况通常让父母很上火,也让父母感到困扰。那要怎样做才能纠正孩子这些烦人的行为呢?

通常,孩子们会错误地认为,当父母专注于其他人或其他事情时,他们的归属和自我价值就会受到威胁——孩子觉得自己被忽视了,或者会感觉父母不再爱自己了。因此,父母要理解孩子的这种行为是正常的,要以尊重的方式来对待孩子的这种感受,而不是通过发怒或惩罚来让孩子感受得更糟糕。孩子要求得越多,父母给他们的关注就越多。实际上,那些总是烦人的孩子往往能得到更多的关注。但是,对于那些相信只有得到持续关注才能有归属感的孩子来说,再多的关注都无法满足。

孩子这个烦人的问题持续时间越长,父母和孩子就越难改变。因此,父母要尽早开始确立自己给予孩子关注的界限并严格执行,最好从婴儿期就开始。同时要给孩子创造机会,让他们从合作和贡献中找到归属感。当父母既尊重自己又尊重孩子时,就会发现能拥有更多属于自己的时间,孩子也能想办法自己玩,并不需要时时刻刻都关注。

给孩子建立规则

当有朋友来访时,父母要事先和朋友沟通好,先给孩子留一小段时间,然后再陪伴朋友。父母可以对孩子说:"我和你一起待5分钟,不受我朋友的打扰。然后,我需要一段时间陪朋友,你也不能来打扰我们,可以吗?"对于2~5岁的孩子,当父母接电话的时候,可以让孩子拿玩具在一边玩,或者拿本书给他看,并嘱咐他不能打扰,要做好自己的事情。而5~8岁的孩子已经有了自己的主意,父母可以跟他们商量:"我需要一些时间接电话或陪我的朋友。你有什么主意能找些事情自己做10~15分钟,而不必打扰我吗?"

多陪伴

很多父母都是一边上班,一边带孩子。如果孩子一整天都在等着父母,想和父母玩一会儿的时候,父母在下班回家之后,应该暂时不要去管家务,不管多累多烦,都应该调整心态和情绪,花几分钟时间陪孩子一起玩,或者让孩子帮忙一起做家务。同时,父母要让孩子知道自己能明确陪伴的时间,比如,晚上7点到9点辅导孩子的家庭作业，周六带孩子去博物馆，周日带孩子去游乐场，等等。然后严格按照自己说的去做，控制好时间安排，让孩子充分感受到父母对自己爱的陪伴，从而更有安全感，不再出现干扰行为。

给孩子单独玩的空间

父母在家里可以布置一个能让孩子自己安全玩耍的地方。要让孩子知道，当父母忙着陪朋友或照顾其他孩子时，依然爱他们，但那不是父母陪他们的时间。可以试试设置一个计时器，为父母需要不受打扰的时间进行倒计时。如果孩子做不到不打扰，要让孩子去自己的房间玩，并且过一会儿再试。

女孩不愿意分享玩具就是自私吗

很多父母会觉得自己的孩子怎么这么自私，不愿意和别人分享玩具。分享不是一种天生的品质，而是后天习得的。在孩子3岁之前，如果父母没有太多引导和帮助，就不要期待他们会分享。有时他们会显得非常大方，有时他们不想分享任何东西。在孩子们发生冲突的时候，父母手边可能需要多准备几个孩子们都想要的玩具，或者通过转移注意力的方法让较小的孩子对其他事情感兴趣。其实，即便在孩子3岁以后，让他分享也不是很容易的。

父母对分享兴致勃勃，一个劲儿地鼓励孩子分享，好像不分享的孩子就很自私，就给自己丢脸了，可孩子一开始对分享根本没有概念。如果孩子总是显得"自私"，不爱分享，极有可能是父母引导不当造成的。

跟孩子解释分享的意思

父母在跟孩子说分享时，往往根本不会跟孩子解释分享的意思。一味告诉孩子要分享，却不说分享是什么意思，孩子根本不懂，他们会把分享理解成"送""给"，要把自己的玩具或喜欢的东西"给"别人了，换了成人也未必就很乐意，何况是孩子。或许他们不喜欢的东西，分享得很痛快，一旦是他们喜欢的，就怎么都不愿分享，是因为他们没搞懂"分享"的意思。父母应该耐心地跟孩子解释，"分享"只是一起玩，并不是要把他的玩具给别人，他的东西还是属于他。当然如果孩子不愿意，也可以不分享。这样孩子就明白了，让他分享就会变得简单。

不要强迫分享

分享是孩子应该具备的好品质，但是父母不要急于求成。因为分享对孩子来说，还是个很难理解的观念，分享会给他带来不舍、犹豫、挣扎、忍耐、克制和坚持等复杂情绪，给自己带来的快乐与满足却姗姗来迟，当看到别人分享他的东西所产生的愉悦时，他担心自己不再是物品的主人。在孩子学会分享之前，先要保护好他的物权意识，即"这东西是我的"。两岁多的孩子表现得十分自私，看到的东西都要据为己有，不要怪孩子，那是他们到了物权意识期。只有物权意识被充分尊重，他们对自己的物品才有安全感，才会从心底里明白"这东西是我的，即使我给别人玩一会儿，他还是要给我的"，这样他们才乐意分享。

不能威胁孩子

有的父母在孩子不愿意让别人玩玩具时会大声斥责"都是因为你不愿意分享，看，现在没人跟你玩了吧"。父母在引导孩子分享时，要告诉孩子分享的乐趣。一辆小车，一个人玩可能没什么意思，要是两个小朋友一起玩，可以有各种玩法，会更有意思，而且自己也不孤单。等玩过之后，那个小朋友很开心，自己也很开心。开心是双份的，这就是分享的乐趣。这样跟孩子讲了之后，再结合例子跟孩子说一说，孩子慢慢地明白了，就不会排斥分享了。

懒惰的女孩怎么教

在心理学上，懒惰与勤快是一个概念的两极，都是接近人本能的品性。勤快指向成长、攻击、发展的一面；懒惰指向停滞、无力、消亡的一面。我们看到绝大多数年幼的孩子，总是跑来跑去、动来动去，对世界充满好奇，脑袋里装着问号，总是问着不同的问题，他们的身上体现出的都是勤快的特征。而为什么有些孩子很懒惰呢？他们畏缩困难，懒于做事，没有目标，总是习惯拖拖拉拉，做什么事情都没激情、没动力，他们勤快的品性为什么不见了？

很多时候，孩子的懒惰都是父母造成的，孩子从父母的生活方式中感受自己，勤奋的父母会带动着孩子勤快起来，懒散的父母会影响着孩子懒惰下去。有的孩子从小到大，所有事情都是父母包办处理，长期下来，本来该是孩子的勤快，变成了父母的勤快，孩子变得懒惰，乐享其成。还有的孩子有很强的依赖心理，他们认为自己的事情是父母的事情，自己不做，父母会更着急，于是孩子越来越懒惰，越来越什么都不想做。

那么，父母该如何纠正孩子懒惰的坏习惯呢？

父母要做正确的示范

孩子可能并不能分得清哪些是家务，哪些是玩乐，所以需要父母正确地引导，才能完整地做完一些事情。孩子的行为习惯通常是从父母那里学习到的，其中同性的父母对孩子的示范作用更大。因此，要想孩子勤快起来，父母在生活中要向孩子展示良好的习惯和正确的引导，让孩子体会到舒适的生活环境需要个人的辛勤劳动来创造的。

让孩子做力所能及的事情

要了解一般孩子在什么年龄可以做什么事情，比如，学龄前的儿童，就可以学习穿衣、系鞋带、刷牙、洗脸、学会摆放筷子、替父母取小物件、学会洗手绢等。千万不要让孩子干那些费好大的劲儿却也极难完成的事情，这会让孩子产生厌烦感，从而不愿再做任何事情。

适当的奖励

孩子每做完做好一件事，父母就要给予实时的奖励或者夸赞，这样孩子才会有成就感，将会更热衷于下次做事情。因为孩子虽然小，但也有一定的自尊心和虚荣心。要适当地满足他们这些小小的要求，千万不要怕孩子骄傲，不论成败，不问好坏，只是不断地挑孩子的错误，久而久之，孩子什么都不敢做，也不愿做，因为害怕出错。

父母要让孩子明白：世界上没有一件事情是可以不劳而获的。"付出才会收获"的道理，需要父母以身作则、言传身教地为孩子做榜样。让孩子知道，只要能克服懒惰的坏习惯，养成勤奋好学的好习惯，就能够一步步走向成功。不过，要想克服坏习惯，养成好习惯可是件不容易的事，这需要有极大的耐力和意志力，父母要和孩子一起坚持，努力克服懒惰情绪。

伤心欲绝的幼儿园之旅，如何应对

"万事开头难"，孩子上学也正是如此。送孩子去幼儿园的时候，很多父母应该都会遇到孩子紧紧抱着自己不放手的情况。孩子哭得如此伤心，让很多父母都心碎。但是孩子必须要上学了，不能不去，自己又舍不得，还不得不让他去，孩子也不想去。父母总是如此头疼，有时听着孩子撕心裂肺的哭喊声，真是不知道怎么办才好。因此，父母应该做好孩子入园前的准备，孩子就会很听话的。

对孩子进行合理的引导

父母要对孩子进行一些心理引导，做一些好的心理暗示，应当跟孩子说一下幼儿园的老师会很好，有很多小朋友一起玩，这样的话，孩子就会觉得幼儿园是一个很有趣的地方，这样孩子就不会从内心产生害怕心理。父母也可以先带孩子先去幼儿园体验一下，让孩子和其他的小朋友在幼儿园玩上一会儿，有父母的陪伴，孩子就不会觉得幼儿园很陌生，当入园时，他们也觉得以前去过就不会感到害怕了。而父母一定要在孩子入园之前对孩子进行一些幼儿园的讲解，甚至可以让一些年龄比孩子稍微大一点的上过幼儿园的小朋友给孩子进行讲解，这样的话会更有效。

加强孩子各方面的能力

当孩子离开父母之后,就处于一个人的环境了,需要加强自身的能力,比如,按时作息的能力,中午要午休,不能让孩子产生一种"我比别人差"这样的想法,所以父母要在这方面好好地引导孩子。

培养孩子独立入睡的能力

许多的孩子在家里经常要父母抱着哄着才能睡觉,一旦到了幼儿园,老师是不可能把每个孩子都照顾到的,这个时候孩子如果特别想妈妈,就可能睡不着了,所以一定要培养孩子的独立入睡能力。这一点需要在入园之前就做好,平时让孩子独立睡觉,给孩子一个玩具娃娃,抱着睡觉也可以。

培养孩子的交际能力

一个不爱说话的孩子在幼儿园是无法好好学习的,孩子在幼儿园需要和小朋友之间相互玩耍,这是一个培养交际能力的开始,父母需要多教导孩子和小朋友一起玩儿,这样便于建立深刻的友谊。

不打不骂,如何解决女孩哭闹的问题

有些孩子天生敏感,很容易哭,这也是他们表达自己的一种方式;有些孩子哭是为了寻求关注、权力、报复,或者是表现自己的无能为力;有些孩子哭,是因为当时感到失望、愤怒或沮丧。当然,婴儿哭是因为这是他们唯一的沟通手段。父母需要足够了解自己的孩子,并发现这些区别,才能够更有效地解决孩子哭闹的问题。

懂得孩子的语言

对于婴幼儿来说,哭闹是他们的语言,当他们还太小不会说话的时候,只能用哭来表达自己的不满,或者委屈,或者自己的想法。一般情况下,婴幼儿哭闹主要是饥、渴、冷、热、尿的诉求。父母发现孩子开始哭闹,一定要找到原因并及时解决,那样孩子的哭闹就会马上停止。

而稍大点的孩子哭,主要是父母给的安全感不够,没满足孩子爱的需求,他只好通过哭来呼唤亲密,避免孤独、被忽视。

比如，孩子不喜欢上幼儿园，每次都哭好长时间，怎么哄也哄不好；或是孩子不听话，爱打人，父母制止，就大哭大闹；或是孩子注意力不集中，不好好吃饭，一说他就哭闹等。

从表面上看，孩子哭闹的原因各不相同，但深层的心理需求常常只有一个：呼唤父母的关注和爱！父母对孩子的高质量陪伴不够，亲子间的安全依恋关系没有形成，孩子内心深处感受不到爱和关怀。可孩子太小，意识不到，也说不出来，于是，表现出一些偏差行为，如不爱上幼儿园、不好好吃饭、注意力不集中、打人哭闹等，实际上是寻求父母的关心和温暖。尤其6岁左右的孩子，像有的父母说的，越大越有心眼，常常追着大人哭，其实，孩子的内心大多想控制亲子关系，哭给最亲密的人看，寻求父母的认同和关注。

父母要通过孩子哭闹的表象，反思一下，陪伴孩子的质量如何，是不是因为疏忽，让孩子缺乏了安全感。多抱孩子，多亲吻孩子，多和孩子说，妈妈（爸爸）爱你，不只言语，行动上也多认可孩子，多鼓励孩子，让孩子感到被允许和喜欢，孩子才会情绪平和、心境愉快地玩耍、生活。

不害怕，不娇纵，适当惩罚

有许多父母一看到孩子哭了，就慌了，好像啥都做不了，而只要孩子不哭不闹，孩子想干吗就干吗。时间久了，孩子就会发现，原来哭闹可以满足自己想要达到的一切目的，那么孩子就会变得越来越爱哭闹，越来越任性。所以说千万不要害怕孩子哭闹，不可任凭孩子哭闹。当孩子任性地哭闹时，父母不要依着孩子的心性，不能顺从他，要及时地给孩子指出错误。父母可以先劝他几句，若孩子不听甚至哭闹得厉害，可以警告他，让他适可而止，让他马上擦干眼泪鼻涕，然后自己做自己的事情，不理会他，一般孩子都会停止自己的任性哭闹行为。如果孩子哭闹还未停止，就可以拿出一些惩罚手段了。比如，孩子想以哭闹的方式达到自己的某一目的时，父母可以拒绝："因为你任性哭闹了，所以给你这个。"要让孩子明白，他的任性哭闹，不会达到自己的目的。

教育孩子要全家同步

一个孩子，身边会有爸爸妈妈、外公外婆、爷爷奶奶，幸福的孩子一下子拥有六个人无尽的疼爱。这样就形成了一种局面，当孩子哭闹，爸妈准备教育时，就会有四位或者两位老人出来反对，这样一来，孩子就会觉得自己有靠山，长期下来，很容易形成任性哭闹的习惯。所以教育孩子的时候，就要全家同步，以一种方式为准，其他人就别再说什么。

哭和笑都是释放压力的自然而健康的过程，无论对于男孩还是女孩都是如此。为了孩子的心理健康，应该允许他们哭。但一旦察觉孩子是想以哭闹达到自己目的的时候，就不应骄纵，要及时制止，并加以引导。

爱顶嘴的女孩如何引导

很多父母发现,孩子不知道什么时候变得爱和父母"过不去"了,父母无论说什么,孩子都要顶嘴,孩子的这种行为让父母生气,然后情况就会陷入了恶性循环:父母越生气孩子越顶嘴,孩子一顶嘴父母更生气……

其实孩子爱顶嘴并不是一件坏事情,并不像父母想的那样"孩子开始不乖了",而是因为孩子到了一定的年龄,开始独立思考,对事情有自己的看法和主见,不再凡事都以父母的意见为准,因此当父母说什么的时候,孩子马上表达出自己不同的意见。有教育专家表示,顶嘴能刺激孩子的语言能力发展,促进孩子的逻辑思维发展。把爱顶嘴的孩子教育好了,他一定会大有出息。如果父母给孩子安排做什么事情,孩子总是说"好、可以",那父母才要引起重视呢。当然如果孩子是在故意胡搅蛮缠,那父母也不能纵容。

所以当父母们遇到这样的问题,一定不要着急上火。当孩子逐渐长大,父母如果总是不尊重孩子的想法,不仅会影响亲子关系,孩子遇到问题时,也不愿再向父母敞开心扉了。父母先耐心听听孩子怎么说很重要。把话语权教给孩子,让他们说出自己的想法,父母的重视和尊重的态度,也比较容易让孩子改变主意。孩子受到父母的影响,以后长大了遇到这样的问题,也会明白好好沟通,彼此尊重的重要性。

孩子爱顶嘴,也与家庭的教育方式有关。比如,孩子犯了错，已经意识到了错误，但父母仍长篇大论地说教，或是父母不能以身作则，自己做不到的，却要孩子做到，孩子自然会不服气，或是把自己的想法强加给孩子……在这些情况下，父母一定要自我反省。比如，很多父母要求孩子学这学那，往往是因为自己喜欢但未曾实现的理想，就要孩子去实现，这时父母应该尊重孩子的决定。

那么父母应该要如何做才能改变这种情况呢？

给孩子说话的机会

父母不要阻止孩子表达自己的观点，如果孩子一说话，父母就说"你给我闭嘴""你不要说了""你想说什么我都知道"，长此以往，只会让孩子和父母的关系变得更糟糕，孩子会把自己的想法埋在心里，"反正你也不让我说，那我就什么都不说好了"。

当然，如果孩子顶嘴也不能任由他们去，养成了不好的习惯，以后就很难改正了。正确的做法是：给孩子说话和解释的机会。如果孩子做错事了，父母不要急着训斥孩子，把话语权给孩子。父母先听完孩子的想法，也许就理解孩子的行为了，也就不会生气和训斥孩子了，而且先让孩子把话说完，能避免他们在父母说话的时候再顶嘴。

减少溺爱举动

如果是因为溺爱造成孩子顶嘴，只有把对孩子溺爱的现象控制了，顶嘴现象才能减少。最好是全家统一思想，如果孩子是不讲道理地顶嘴胡闹，全家都不要理他，让他承受后果。当他变得讲道理、听话时，全家再用鼓励的言行强化他的转变。

让孩子学会尊重他人，不要打断别人说话

这一点非常重要，而且父母应该在平时就要求孩子这样做："自己可以有不同的意见，但要等别人说完之后，再表达自己的观点，随便打断别人说话是很不礼貌的行为。"如果孩子养成了这种尊重他人的习惯，也就不会和父母顶嘴了。

适当鼓励孩子"顶嘴"

很多时候，父母为了维护自己的威信，是不允许孩子和自己顶嘴的主要原因。由于根深蒂固的"大家长制"的传统思想的存在，很多父母认为要有家庭生活中的绝对地位，容不得孩子向这种权威发出丝毫挑战。父母的口头禅是"现在都管不了他，那以后他不得反了天"。在这种思想的作祟下，他们把孩子不和自己顶嘴，作为教育的成功。其实这是不对的，试想一个和父母都不敢表达自己观点的孩子，以后如何面对这个社会？顶嘴的孩子大多是有主意或者任性的孩子，他们出于坚持自己看法或者效仿别的小朋友和父母顶嘴，在这种情况下，父母应该正确引导，而不是一味斥责，甚至在某些时候还要适当鼓励孩子"顶嘴"，让孩子勇于表达自己的观点。

相信父母如果能坚持这么做，孩子一定会改正顶嘴的坏习

惯，并且能提高孩子独立思考和语言表达的能力，亲子关系也能更加和谐。

女孩爱尿床怎么办

一般来说，孩子在1岁或1岁半时，尿床现象就会大大减少；而有些孩子到了两岁甚至两岁半后，虽然白天正常，到了晚上仍然尿床；大多数孩子在3岁后夜间不再尿床。如果孩子3岁以上还在尿床，每月达到两次以上，甚至到了七八岁还会尿床，就太不正常了。这是让父母头疼的一大问题。

不过很多父母会觉得，孩子尿床不是大事，等孩子长大了自然会好，其实不是。据《中国儿童和青少年遗尿症流行病学调查报告》统计，约16%的儿童在5岁时仍会尿床，并且有0.5%~2%左右的儿童会一直持续到成年，这会严重影响他们的自尊心和社交。

尿床对孩子及其家庭都是一种长期令人沮丧的现象。孩子在幼年时没有养成控制排尿的习惯，若尿床遭到家人的责骂，精神就会处于紧张状态，更容易形成恶性循环，遗尿症经久不愈。而成人遗尿更麻烦，直接影响了他们的事业、婚恋、社交……

有数据研究表明，尿床是儿童时期的第三大创伤事件，仅次于父母离婚和吵架。因此，如果发现5岁以上孩子有尿床的困扰，父母必须引起高度重视，及时带孩子去医院检查。

为了让孩子养成良好的习惯，父母也应该在平时多注意，及时纠正孩子尿床的坏毛病。

让孩子养成规律排便的习惯

建议在孩子1岁半后进行如厕训练，刚开始如厕训练时，不要着急给孩子脱掉纸尿裤，晚上可以让孩子继续穿纸尿裤，如果连续几天没有小便了，再拿掉。鼓励孩子养成规律排尿和睡前排尿的习惯，不要等憋得不行了才去尿。

为了避免孩子夜间熟睡后不易醒，白天应注意不要过度疲劳，中午最好安排1小时的睡眠时间。晚饭的菜中少放盐，少喝水，少喝汤。睡觉前制止孩子过度兴奋，要孩子养成睡觉之前排空小便再上床的习惯。父母要培养孩子自觉起床小便的习惯。入睡前提醒孩子自我默述"今晚X点起来小便"，父母还可以在孩子经常遗尿的时间到来之前叫醒他，让他在清醒状态下

小便。

定时叫醒主动起夜

现代社会不断为生活创造着方便，纸尿裤等产品使年轻的父母们一夜安枕无忧，但是过分依靠很可能反被其误。从小不注意对孩子的训练，夜间任其尿床，或是抱起孩子"把尿"也任其熟睡不醒，孩子在梦中无意识排泄，久而久之，养成睡中排尿的习惯，长大难以自理，父母更被其扰。

其中道理并不复杂，如果积尿时孩子在蒙眬迷糊中排泄，睡眠既不安稳又无意识。父母适时叫醒他，让他在清醒状态下自控排尿，会帮助其建立良好的起床习惯。因此，为了培养孩子正确的起居习惯或纠正已有遗尿病的孩子，建议父母设好闹钟，定时叫醒，使其习惯"起夜"。

防遗尿也讲"病从口入"

在正常情况下，人的泌尿系统是水的过滤器，在一定的时段内，喝得多就会尿得多。如果孩子的饮水习惯不良，白天在幼儿园或学校因为贪玩或不渴而不喝水，晚上回家集中吃喝，很容易造成夜间大量积尿。父母对此要有所管理和引导，不要在晚上"加强营养"，而应尽可能注意调整饮水习惯，防止病从口入。对遗尿症严重的患儿，要在医生的指导下，调整一段时间方可奏效。

关照比呵斥更有效

谁都可以想象,家有尿床患儿的麻烦和苦恼,怒斥怨恨时有发生,这会造成患儿的心理、生理反应,不利于遗尿的治疗。父母必须要求自己有更强的自制力,采取有效的办法而不应过分呵斥,对患儿那些精神、心理因素引起的反常,更应该仔细观察、分析,耐心地安慰劝导,循循善诱,予以调教。

创建和谐的家庭环境

有时候孩子尿床,是因为环境突变造成的,比如,孩子的生活环境突然变化,父母离异、弟弟妹妹出生、上学等。如果有这种情况,父母要多关心孩子,帮助孩子适应这些变化,千万不要因此责罚孩子。要积极鼓励、引导孩子,和孩子建立良好的亲子关系,提高其适应环境和生活应激事件的能力。

别让孩子形成"手机依赖症"

孩子长期玩手机,对眼睛、脊椎的伤害很大,还不利于孩子的心理健康,长期玩手机还有可能导致抑郁症。对此,父母应该要做一些事情了。

父母应做好榜样

父母在孩子面前不要老是拿着手机玩,更不要边照顾孩子边玩手机,时间久了,孩子肯定会受到父母的影响,也会喜欢上玩手机。因此，为了避免孩子出现手机依赖症，父母要做好榜样。

多花时间陪伴孩子

孩子在成长过程中最不能缺少的就是父母的陪伴，然而很多父母因为工作等原因很少有时间陪孩子，这种情况会造成孩子长大后性格的缺陷，也会让孩子养成很多不良习惯，严重影响了孩子的健康成长。孩子由于长期缺乏父母的陪伴，便会把感情寄托于手机等电子产品上，时间久了便会出现手机依赖症的情况。所以父母一定要多花时间陪伴孩子，给他们更多的关爱，让他们不会感到被冷落。

严格规定孩子玩手机的时间

不建议父母禁止孩子玩手机，可能会让孩子产生逆反心理。父母可以和孩子规定好玩手机的时间段、玩手机的内容等事宜，同时建立奖罚制度，如果孩子遵守时给予奖励，否则对他做出一定的惩罚。约定好每天的时长不仅可以让孩子和父母有更多的交流，更多的时间去学习和运动，而且孩子会觉得父母的处理方式很好，既可以自己玩手机，同时也不会让父母生气。

经常和孩子沟通交流

孩子玩手机并不一定都是为了玩，可能是为了学习，也可能是为了查找资料，或者其他原因。当孩子开始喜欢玩手机时，父母要先搞清楚孩子的目的，然后进行合理的引导，只要是对孩子有益，父母就可以允许他玩手机。父母可以经常问问孩子上网都是看什么内容，比如，新闻、篮球、社交等。父母可以了解孩子的最近动态，在一些熟悉的话题上还可以进行深入的探讨，在辩论和争执中，产生共鸣，以后更多的时间孩子还会主动地找父母交流，让父母知道他内心的真实想法。父母不仅是孩子的老师，更是良师益友！

为孩子安排丰富的娱乐活动

很多孩子之所以养成手机依赖症，很大一部分原因是没事可干。所以为了避免孩子养成手机依赖症，父母要多为孩子安排丰富的活动，可以带孩子去游乐场、旅游、参加体育运动等，或者买一些孩子喜欢的、有意义的书籍让他学习，激起他们强大的好奇心和培养他们独立自主的爱好，相信他们渐渐地就会摆脱对手机的依赖，毕竟兴趣才是最大的动力。这样不仅可以丰富孩子的童年生活，而且还可以增长孩子的见识，更重要的是让孩子不玩手机。

孩子长期玩手机对身体的伤害很大，作为父母，不要总是因为工作忙就不管不顾，正确地引导孩子生活、学习，才不会让他们成为手机的"奴隶"。

🎀 女孩爱发脾气，动不动就噘个嘴，父母怎么办

孩子发脾气令人既愤怒，又尴尬。有的父母一碰到孩子在公共场合躺在地上又闹又哭时，总是手足无措，恨不得孩子要什么都答应他，只要他别这样闹，别这样发脾气。也有的父母认为孩子发脾气是很正常的行为，是"天性"使然，孩子长大了自然就好了，现在可以听之任之。

有时候，孩子发脾气是因为他累了，却被父母拖着去一些他没有办法或能力应对的地方。而孩子可能以一种不易察觉的方式尝试让父母知道他的愿望和需要，但父母没有注意到。而且发脾气也是孩子的一种沟通方式。如果孩子第一次发脾气就能有效地吸引父母注意、阻止父母做某些事或让父母生气，那么孩子会认为这就是与父母建立联系的方式。

孩子爱发脾气终究不是好行为，不仅影响父母的状态，还影响孩子的成长。但孩子还没学会控制和调节自己的情绪，这就需要父母根据孩子的发展阶段进行引导。

针对不同年龄段的孩子进行指导

①两岁孩子爱发脾气：我做不到。应对方法：转移注意力

在两岁孩子的认知里，自己就是世界的中心。他们认为自己无所不能，并且可以为所欲为。当想要做的和可以做到的事情之间出现差距的时候，大脑就会产生压力激素，比如，皮质醇，它会让孩子的大脑产生愤怒的情绪。比如，当两岁孩子想把圆柱形放进方形孔里，放不进去，瞬间就躺地上大哭、打滚。两岁孩子发脾气，其实是在向大人求助：帮帮我，我做不到。这个时候，父母的吼叫只能让孩子压力更大、脾气更大；拥抱他、抚慰他也没那么管用了。此时父母的正确做法是：帮孩子转移注意力，给他一个别的玩具、让他做点别的事情，他很快就平静下来了。

②3岁孩子发脾气：害怕变化。应对方法：规律、安全感

3岁孩子刚刚形成的安全感非常脆弱。他们一方面很依赖自己掌握的规律，另一方面却又想掌控环境。表现出来的，就是爱发脾气的熊孩子。比如，他已经知道了按下开关，玩具就会发出响声，出现固定的画面。可如果玩具没电了，打开开关，没有了声音和画面，他马上就会崩溃了——他心中安全感依赖的规律被破坏了，这让他很生气。

所以父母会发现，孩子常常会因为穿衣服的顺序错了、玩具摆放的位置被改变了这种小事大发脾气。让3岁孩子情绪稳定最好的办法，就是让生活有规律、让他有充分的安全感。养成规律的生活、引导并尊重孩子对自己的生活做一些安排，允许孩子"发号施令"，不但能让他情绪更稳定，而且还能一举两得地帮他养成好的生活习惯。

③**4岁孩子发脾气：争取权力。应对方法：适当放权**

4岁孩子发脾气，源于他们想要争取更多权力。比如，父母告诉他要吃完蔬菜才能吃蛋糕，他不仅不吃，还故意和父母对着干，瞬间让父母怒气爆棚！这个时候，不如给他点权力。比如，父母跟他说："你自己决定要吃多少吧。"小孩也许会说，就吃一口！这时父母一定要努力控制好自己的情绪，跟孩子协商更多的解决方案，比如：吃10口怎么样？要是孩子依然坚持就吃一口，也不要陷入权力之争。父母可以试着可以这样和他说："你可以自己决定吃几口，但吃完蔬菜才能吃蛋糕是妈妈定下的规则，不可以改变。"这种陈述事实而不去指责的说话方式，是父母在这个阶段需要练习的技巧。说事实比指责孩子，更有利于事情的解决。每次权力之争都是考验父母心力的时刻，不强迫孩子，去赢得他合作的办法，才是长久的好办法。

④**5岁孩子发脾气：自尊心。**

5岁孩子开始有了强烈的自我意识，自尊心开始萌芽。他非常渴望关注、很想什么都做得很好。这个阶段，让他大发脾气的主要有两个原因：学习吃力，或者做错了事情。因为太着急做好，所以学习一旦遇到了挫折，就很容易发脾气。做错事情，怕承认了错误自己就不再是个好孩子，也会在父母询问责备的时候大发脾气。

对待5岁的孩子，尽量少批评是个不错的原则。比如，孩子打碎东西，父母问问他应该怎么办，比说"为什么总是不小心""是谁干的"，要好很多。5岁的孩子，心里是非常有数的，自己能做什么，不能做什么，他心里分得清楚。要是父母要求他们做的事情，让他们觉得超出自己的能力，他们就会用发脾气来反抗。

孩子发脾气，每个年龄适用的方法都不一样。只有用对了方法，才能真正帮助孩子，改掉坏脾气。

适当为孩子补充维生素 B_6

缺乏维生素B_6会导致孩子变得脾气暴躁，爱发脾气。如果孩子维生素B_6摄入不足，就容易出现兴奋不安、反射亢进和周围神经炎，还可导致头痛、脾气急躁、困倦、易激动，甚至可能出现精神抑郁。因此，父母要多为孩子补充维生素B_6。动物性的食物中维生素B_6的含量较多，其中白肉（如鸡肉、鱼肉）中的含量最高，其次是肝脏、豆类和蛋黄等，大部分水果和蔬菜中的含量也比较多。

父母平时要让孩子多吃一些新鲜的蔬菜和水果，尽量少吃零食多喝水，这样能够提升孩子身体的新陈代谢能力，缓解爱发脾气的症状。

女孩厌食、挑食，父母怎么做

孩子挑食是父母都会面临的问题。孩子长时间不吃这个，不吃那个，只吃自己爱吃的东西，无法保持营养的平衡，对成长非常不利。很多父母用尽办法想处理孩子挑食的问题，最后效果却不好。其实，父母需要对孩子有一个正确的引导，不给他们施加压力，慢慢地让他们接受新的食物，他们很快就会习惯了。

父母做好榜样

首先，父母就不应该出现挑食的现象，这样也不吃，那样也不吃，无形之中给孩子灌输了挑食的想法。如果父母自己都做不到，又怎么去要求自己的孩子呢？父母榜样的作用是很强大的，也不可小看孩子的模仿能力，你的好你的坏，孩子都能学到。

不要说"要多吃一口"

对孩子来说，他们对于食物有一种特殊的爱好，有可能他们只偏向于某一种食物，这是很正常的，这个时候父母不能强迫他们，比如，孩子在吃完了饭以后，父母还对他说"要多吃一口"，这些类似的话不会让他们感到开心，反而让他们觉得厌烦。孩子可能只是暂时性地对某些食物没有兴趣，他们需要一个适应的过程——有些食物慢慢地就会被他们所接受。

鼓励孩子尝试新的食物

父母逼迫孩子吃更多东西肯定是不可取的，反而会让他们更反感，产生逆反心理。应该鼓励他们去尝试新的食物，让他们自己去慢慢适应。在鼓励的过程中应该使用一些小技巧，比如，给他们一些小小的奖励，这样他们就会更有兴趣，另外做菜的时候切得小块一些，这样他们更愿意接受。

让孩子参与买菜做饭的准备工作

父母在给孩子准备食物之前，可以先问一问孩子的意见，看看他想要吃什么。如果条件允许，可以带孩子去超市，让孩子自己选择，这样给孩子准备食物，孩子就会更有兴趣，也更愿意接受这些菜品。但是也不能完全迎合孩子的要求，很多不适合孩子吃的食物，是绝对不能让孩子吃的。

父母在做菜做饭的时候，可以让孩子当小助手——摘菜、洗菜、准备餐具等。研究发现，带着孩子一起做饭不仅能够增进一家人的感情，还能为进食带来更多的乐趣，从而减少孩子的挑食现象。

女孩突然喜欢赖床，父母怎么办

孩子突然很喜欢赖床不起，不能按时起床，是很多父母都要面对的一个大难题。一般来说，孩子赖床无非以下几种原因：

①晚上睡得太晚，造成睡眠时间不足。通常两岁以上的孩

子，每天所需要的睡眠时间为10～15小时。②若孩子午睡的时间太久，或睡午觉的时间太接近傍晚，都会让孩子在晚间精力旺盛，到了休息时间还睡不着，于是间接造成晚睡、睡不饱的状况。③有些孩子在睡觉的时候，会踢被子、翻来覆去或磨牙，这时父母要多留意孩子是否有情绪上的问题或身体不适，或是有其他环境因素干扰了孩子的睡眠。④孩子难免都会做噩梦，除了单纯做噩梦，很大原因是担心害怕、心理压力或身体不适。

那么父母都有哪些好方法可以纠正孩子赖床的坏习惯呢？

给孩子树立良好的榜样

在起床这件事上，如果父母也喜欢赖床，自己不能以身作

则,那么孩子也很容易养成爱赖床的坏习惯。而且有些父母在孩子的睡觉时间一到,就急着让孩子上床睡觉,自己的眼睛却还盯着电视、电脑,或还在忙东忙西。父母这种做法会让孩子觉得"很不公平",觉得"为什么只有我要去睡觉呢",同时,孩子对成人的活动充满好奇心,自然很不愿意去睡觉。因此,只要到了孩子的睡觉时间,父母最好能暂停一下活动,帮助孩子酝酿睡觉的情绪。

所以,父母平时也应该严格自律,让孩子从小就生活得有规律,可以大大降低孩子长大以后赖床的概率。

保证充足的睡眠时间

父母在晚上一定要让孩子的睡眠有规律,要保证睡眠时间充足且有质量,减少孩子赖床的概率。根据儿童的生理特征,半岁前的婴儿每天的睡眠需要15~20小时左右;1岁最少需15小时以上;2~3岁最少12小时以上;4~6岁最少11个小时以上;7岁以上最少要9小时。

科学安排作息时间

父母可以为孩子制订一份合理的作息时间,培养孩子规律的作息习惯。由于现在孩子的学习和生活内容多种多样,许多孩子因此难以控制作息时间,常常晚睡晚起,吃饭时间也不规律,难以按时作息。按时作息有利于父母和孩子的身心健康,从而保证睡眠,降低孩子赖床的概率。

让孩子适当午睡

父母要根据孩子的个人情况,让孩子适当午睡。午睡时间要视具体情况而定,无须过分强调时间的长短,最好以健康状况为根据。不过,午睡时间一定不能太长,否则会导致孩子晚上无法入睡或不能熟睡。

选择合适的闹钟铃声

给孩子用的起床铃声不要过于刺耳,最好选择声音轻柔、节奏欢快的音乐,或者孩子喜欢的动画片的主题曲,让孩子在一个温馨欢快的氛围里自动醒来,是孩子美好一天的开端。

不加理睬

总有一些孩子,在父母第一遍的叫醒他的时候,他就已经睡不着了,但他就是赖着不起床,不想起来。这个时候,父母可以选择不理睬他,但可以拉开孩子房间的窗帘,让阳光照射进来,然后直接走出去忙自己的事情。孩子磨蹭一会儿觉得没意思,自然就会起来了。

避免不当的叫醒方式

①父母愤怒地冲进房间,对孩子大喝一声"都这么晚了,还不起床"——这种粗暴的叫醒方式,很容易把孩子的睡眠安全感夺走,反而容易导致孩子睡眠不好。

②粗鲁地一把拉开孩子的被子——这种方式不仅严重摧毁孩子的睡眠安全感，而且温度突然地变化，会刺激孩子的神经，加重孩子的起床气，严重时会导致孩子做出一系列过激行为。

③暴躁地拍打孩子的身体——这种方式不仅容易吓到孩子，还会刺激孩子，导致孩子的过激行为。

④唠唠叨叨，反复叫唤——或许很多父母觉得这是一种温和的叫醒方式，不过很多时候更容易激发孩子的逆反心理，孩子本来想起来了，但父母太过唠叨，反而不想动。

当然，随着年龄的增长，引导孩子克服赖床的方式也需要相应的改变，一切的方法都要以有利于孩子身心健康发展为基点。

女孩就不爱做作业，拿她怎么办

对很多父母来说，陪孩子写作业这件事简直让人抓狂，让人无比焦虑。父母们甚至编出了又写实、又搞笑的段子："不谈做作业时，母慈子孝，连搂带抱。一涉及做作业，鸡飞狗跳，鸣嗷喊叫，让路人耻笑，让老人血压升高，让邻居不能睡觉！前一秒如胶似漆，后一秒分道扬镳。"然而任由父母如何抓狂，孩子们似乎不太买账，依然是30分钟的作业能写3个小时，任父母白脸气成黑脸，黑脸急成红脸，依然是一脸无辜，不知道发生了啥。

孩子做作业时如此磨蹭，父母甚至会怀疑是不是生了个傻孩子，可转眼看到孩子玩游戏的时候，那股机灵投入的鲜活劲头，又感觉孩子智商说不定比自己还高。父母总是感叹，要是孩子在学习上能用上玩游戏的半分心思就好了。

其实，父母要孩子爱上学习，还真要向游戏设计来取经，游戏的设计可是符合心理学原理的。心理学上说一个活动能够强烈地吸引人们的注意力，必须做到三点：①有明确的目标；②难度跟人们的能力相匹配；③有及时的反馈。游戏就符合这三个条件，能让孩子自动进入专注状态。这种状态在心理学上叫"心流"，由积极心理学的奠基人米哈里·契克森米哈赖提出。它是一种让人能够全神贯注在当前任务的状态，是专注力的最高境界。所以，要想孩子爱上写作业，父母有必要把写作业这件事搞得像玩游戏一样，就行了。

激发孩子的学习兴趣

孩子没有学习兴趣，写作业也是被父母强迫孩子才硬着头皮写，如果孩子对学习有兴趣的话，他们就会很积极地去探索和学习，态度决定一切。其实学习最主要的就是体会到学习的重要性，而在这个过程中最好能激发自己的兴趣，这样学习就真的会变成探索和享受！所以我们要让孩子体会到学习的重要性和趣味性，比如，学习英语的时候，父母也可以讲很多故事以及幽默的联想，孩子会发现知识好有趣，把这个变成自己探索和愿意学习的过程。

科学安排作业时间

一般来说，小学低年级的学生连续做作业的时间不能超过30

分钟，高年级的学生不超过1小时，如果超过这个时间，孩子就会出现"心理疲劳"，导致学习能力减弱，效率下降，错误率增加，这时，如果孩子适当休息，疲劳得以解除，学习效率才能恢复。所以，当孩子连续作业时，应当给以休息的时间。研究表明，小学生做功课中间的休息，以5～10分钟最恰当。比如：孩子做2小时的作业，学习20分钟，休息10分钟，反复实施，效率最高。

适当奖励

现在时代不同，孩子们的生活也大大不同，有的父母晚来得子或者生活条件变好之后，很容易意识不到自己对孩子的爱是溺爱。把孩子的生活和学习混为一谈，那样孩子会认为：我就是不想写作业，大不了挨一顿说教，反正也没什么事。这种情况下父母可以用激励法，比如，孩子按时完成作业才能得到自己原来可以得到的东西；孩子成绩有进步父母才会答应孩子一件事。

给孩子提供良好的环境

这个环境并不是硬件环境，而是父母给孩子学习的空间。给孩子创造一个相对安静独立的学习环境。父母不要来回走动、大声喧哗。不要选择在孩子身边玩手机或电脑，在孩子旁边安静看书是不错的选择。不要孩子做完一道题就批判，打断孩子的思路。根据孩子的作业总量和做题的效率，估算作业需要完成的时间，让孩子在写作业前先上闹钟，闹钟在孩子完成作业的时间前10分钟响。

带着女孩去旅行

现在有很多的年轻父母已经不满足于在家中养育孩子了，他们坚信，把孩子带出门去旅行，会让孩子拥有更强健的体魄、更广阔的见闻和更丰富的人生经历。但是想要带着孩子去旅行，不得不考虑的问题就是，孩子是否适应那种旅行的环境。俗话说得好，在家千日好，出门一时难，想要带孩子旅行，所面对的困难要远远大于在家里。

为什么要带着孩子去旅行

①增长见识。一个人生活的广度决定他的优秀程度。而从小开始的旅程就是拓展生活的广度的起点。当然，带孩子旅行，不一定要出国，也不一定非要去著名的景点，只要能经常让孩子体验不同的环境，在陌生喧闹的人群中鼓起勇气去听、去看、去感受，这就是一种成长。当孩子每一次来到一个陌生的城市，父母就要认真地同他讲这个城市特殊的文化，在之后的旅行中，他也会看到并真切地感受到当地的文化，这无疑增长了他的见识，更让他印象深刻。

②提升能力。孩子为什么要学习、要读书，因为这是孩子了解世界的一种重要方式，其实了解世界的方法有很多种：书

籍、影像资料、和别人聊天，但没有哪一种方式比身临其境更重要，更让人印象深刻。当孩子处在陌生的环境时，那么自身的弱点都容易暴露出来，父母要先让孩子知道一些求救的场所，告诉孩子如果"迷路了要找警察叔叔"之类的，提前和孩子约定，如果不小心找不到父母该怎么办，等等。这些知识如果是在家里，在孩子熟悉的环境，他就不会特别注意，但是他现在处于陌生环境，他会非常地重视父母说的这些，随之他自身的防范意识、自我保护的能力也会提高。

③学会遵守规则。在旅行中，孩子更能学会遵守规则，培养良好的人格和品质。旅行中让孩子有更多的机会面对不同的考验，学着长大。比如，去游乐场要排队、和别人分享食物、要按时起床、哭闹无法解决问题……，也许父母会惊讶地发现，孩子不但能改正一些生活中的坏习惯，同时还能学会关心别人、控制自己的良好品格。

做充分安排

一场家庭旅行往往会给全家人都留下美好的回忆。不过，它既可能是一场噩梦，也可能会充满乐趣，这将取决于父母的态度以及事先做了多少计划：带着孩子做什么和去哪里，能成就一个假期，也可以毁掉一个假期。要想有一次成功的旅行，就必须考虑孩子的需要。

孩子的身体比起成年人来说，还是有所不及的，因此在带着孩子旅行的时候，去哪、怎么去就显得格外重要。这里有两个必须要考虑的因素，如目的地的温度状况如何，去目的地是否麻烦，孩子不能长时间乘车，这样对他们的身体不好。

带着孩子，最好不要进行匆忙的"赶场式旅游"，这样的旅行对孩子的意义不大。父母得在出发前就规划好，到达的时候应该充分给予孩子适应当地气候和气温的时间。适当的休息也很重要，不要让旅行打乱了孩子的生物钟。

旅行是为了"说走就走"，太多的累赘反而会拖累父母，让他们分神无法照顾到孩子。所以旅行时最好只带上孩子的必需品，防虫药物什么的也不能少。看风景固然重要，孩子的健康才是第一位。

让孩子参与准备工作

当父母想带孩子去旅行时，有时候需要比父母待在家里做更多的准备工作。不过，让孩子越多参与假期的计划和杂事，假期就越会成为大家的假期，孩子也会更有兴趣，更听话。父母可以适当安排孩子自己整理行李、帮忙装车、收拾吃的东西等。根据旅行目的地的气候状况和将要进行的活动，和孩子一起列一份清单，让他们自己准备需要的衣服用品。孩子参与得越多，父母也能更顺利地与孩子沟通。

当旅行结束，父母有必要和孩子坐下来，一起谈谈旅途中对每个人来说最特别的东西，全家人一起整理照片，挑出最喜欢的照片冲洗，放在相册里，让孩子充分感受到家庭旅行的意义。

第三章
女孩成长过程中经常出现的问题及解决方法

女孩注意力不集中，怎么办

专注力是学习一切的前提条件，特别是对于孩子，没有专注力做事情就会拖拖拉拉。有了专注力，才能够更好地成长。所以，当孩子有了意识去学习的时候，父母就要着重培养他的专注力。

多花时间陪伴孩子

如果父母细心的话，应该会发现这样的现象，如果孩子做作业的时候，父母在旁边看着他，他完成作业的效率就比较高。但若是父母毫不关心他作业的进度，他就拖拖拉拉，在写作业时做一些无关紧要的事情。这就是父母的陪伴对孩子造成的影响。父母想让孩子提高专注力，就要在孩子习惯养成的时间多陪陪孩子，让孩子体会到父母对他的重视和鼓励。建议父母给孩子准备一些合适的玩具，和孩子一起玩耍，让孩子劳逸结合，这样孩子学习的效率更高。

制订规律的生活作息表

孩子在还小的时候,对很多事情都没有自制力,不知道在空闲的时候做什么。但是父母不可能时时在旁边引导孩子,给他好的建议。那么父母就可以和孩子一起制订一份规律的生活作息表,比如,什么时候休息,什么时候学习,什么时候可以看会儿电视等。有了生活作息表的约束,孩子就不会对漫长的时间感到迷茫,也会懂得在特定的时间段做特定的事。当孩子对自己一天的时间目标明确后,就很容易做到专心致志了。不过这份作息表一定要科学有规律,以免让孩子过度劳累。

营造安静的环境

孩子在做一件事的时候,最需要的就是安静的环境。试想一下,倘若你在用心想一件事,但是周围环境嘈杂,刚刚有了点儿思路,不注意就被打断了,你还能专心下去吗?因此父母最好在孩子做一件事前，尽力给孩子营造好合适的环境。

想让孩子专心地做事情，父母要首先做好准备。以上的几种方法，父母学会了吗？如果明了的话，就可以帮助孩子开始实施了。"水滴石穿，非一日之功"，只要父母坚持住，相信孩子一定会有收获的。

避免破坏孩子专注力的因素

①焦虑会影响孩子的专注力。急性子的父母容易在潜移默化中影响孩子的情绪，孩子也变得遇事易急躁不安、不能冷静下来专注于解决问题。

②过度干扰。比如，孩子正在儿童乐园里玩得很投入，父母时不时地要把孩子拉过来嘘寒问暖，"怎么样渴不渴，来喝点水""走我们不玩这个了，去那边看看"。过度的干预和打扰，不仅会让孩子变得缺乏主见，感到茫然，也在无形中破坏了孩子的专注力。

③经常斥责、唠叨。当孩子淘气或者做事不如自己所愿时，很多父母就会对孩子大加指责、唠叨。指责会让孩子产生紧张心理，打击孩子的自信心、缺乏安全感；经常唠叨让孩子容易产生厌烦抵触心理。这两种方式都会让孩子变得情绪化，内心无法保持平和镇定，所以做事的时候难以集中精神。

④放任孩子沉迷电子产品。很多父母因溺爱孩子或是比较忙，就放任孩子想做什么做什么。例如，孩子一放学回家就待在电视机前，一坐就是几个小时；或者玩起平板、手机没

有节制，对其他事情提不起兴趣。电子产品是破坏孩子专注力的罪魁祸首，加上缺乏正确的约束和引导，会对孩子造成十分恶劣的影响。

毫无性别意识的女孩如何引导

现在，性教育越来越受到重视，尤其是对女孩的性教育，教会她们自尊自爱并且保护自己，已经成了孩子家庭教育的一个重要部分。性教育是一种终身教育，它有两个重要阶段，一个阶段是两三岁的幼儿时期，另一个关键时期是青春期。让孩子从小意识到男女有别，对自己的性别有正确的认识，将影响到孩子能否顺利度过青春期，能否最终形成健全的人格。

性别意识是自我意识的重要内容之一，一般来说，3周岁以前的幼儿性别意识模糊，需要父母在日常生活中下功夫培养。为何要强调培养孩子的性别意识呢？主要是针对父母的溺爱保护和错位教育。

孩子从一出生就已经宣布了自己的生理性别，但其性别意识的形成需要后天的培养。性别意识是孩子对自身了解的启蒙，对于孩子形成健康的人格尤为重要。孩子一般要到两岁左右，才能意识到不同的性别。这时，他们眼前开始有了性别分类，开始分辨自己是一个男孩还是女孩。他们开始观察父母，从中获得与性别相关的典型特征，比如，兴趣爱好、行为方式等，并非常愿意模仿与自我形象相一致的特征。

从幼儿期开始培养

在幼儿期,父母可以结合孩子的日常生活,从服饰、玩具的选择、游戏方式等方面入手,有意识地培养孩子的性别意识,告诉孩子男孩和女孩的差异。比如,为男孩多选择素色单一的服饰,而为女孩多选择颜色鲜艳、款式多样的服饰等,这样可以使孩子逐步形成良好的性别意识。在适当的时候,父母可以用裤子和裙子来区别孩子性别的不同,为他们最终形成健全的人格做好铺垫。

不要把女孩当男孩养

有的父母喜欢把女孩当男孩子来养,这是不正确的,会人为地造成孩子心理性别上的混乱甚至扭曲,即导致孩子的性别意识混乱,甚至还可能会导致孩子以相反的性别来塑造自己。而在心理性格和生理性格严重不一致时,孩子会对自己的性别身份产生认同困难,这也是个别的人长大之后想变性的原因。

正确应对孩子的性提问

孩子到了一定年龄,就会对一些关于性的问题感兴趣,这是非常正常的,但是往往由于父母羞于开口而被敷衍过去了,这是不好的做法。对孩子来说,性器官不过是身体的一部分,对自己以及异性的性器官产生好奇心是很自然的事情。父母应该正面地对待孩子的好奇,帮助孩子健康了解生理现象和性知识,并对孩子进行合理的疏导和引导。父母对于这些问题，首先要摆正自己的心态，不要觉得这是不好或是不正常的问题，而是一件严肃的事情。当孩子问及这些事的时候，父母应该以一种严肃的态度来对待，并告诉孩子正确的性知识，以此来引导孩子形成正确的性意识。虽然态度要严肃，但是回答却可以有趣。孩子还小，如果就这么直接地解释的话，孩子也不一定能听得懂，所以可以用一些比较简单，甚至是比较有趣的语言来进行回答，让孩子好理解。此外，父母还可以购买一些儿童的性知识读本，跟孩子一起阅读，让孩子了解更多的性知识，满足孩子的好奇心。

通过玩伴，强化孩子的性别角色

性别角色是指整个文化认为男性或女性的行为、爱好、态度、技能以及个性特质。性别图式理论认为，儿童在做出性别特征行为之前，会从环境中提取性别相关信息，一旦儿童认识到他们的性别，就会使自己的行为与文化认为男孩和女孩"应该如何"相匹配。

学龄前儿童通常喜欢与同性别和同年龄的儿童一起玩。经常跟同性别的玩伴在一起，可以强化孩子的性别角色。不过，现在的很多独生子女，在家没有兄弟或姐妹，出门也难觅同龄小伙伴。这就需要父母尽量给孩子寻找几个固定的同性别的玩伴，比如，小区邻居家的、亲戚朋友家的、同学和老乡家的孩子。

通过榜样，增强孩子的性别认同

性别认同是自我概念发展的重要方面，是指儿童意识到自己的女性特征或男性特征，并明白他们的含义。弗洛伊德的精神分析理论认为，当儿童认同同性别的父母时，性别认同就出现。

孩子通常会选择他们认为强大或养育他们的人作为榜样，通过模仿榜样的性别行为来获得性别角色，增强性别认同。最典型的榜样就是同性别的父母，孩子还会模仿其他同性别的成人或同伴的行为。

培养女孩的性别意识需要父母更用心，母亲需要多给女儿做榜样。

虚荣攀比的女孩怎么教

现在人们的生活条件越来越好，孩子的盲目攀比之风也越来越多，很多孩子之间总是爱相互攀比。孩子之间会比谁的衣服漂亮、谁的玩具好玩，甚至比谁的声音大。虚荣心与孩子的自我意识和评价相关，和社会能力的发展相关。三四岁时，孩子通常都很自信，认为自己无所不能。所以，这个时候的孩子喜欢超人、英雄等的形象和故事。六七岁时，孩子开始关注外界对自己的评价，渴望得到他人的肯定。其实，孩子讲虚荣、爱攀比多数是受父母影响，所以父母在家庭教育中应及时培养孩子正确的价值观。

如果孩子一味要求得到别人有的东西，盲目进行攀比时，父母可以鼓励孩子通过一定的努力或劳动来得到，让孩子切身体会满足攀比欲望所需要付出的代价。父母积极的生活态度、及时地引导，会让孩子虚荣、攀比的坏毛病容易改掉。

区分"想要"和"需要"

几岁到十几岁的女孩，虚荣心很强。由于好奇和攀比的心理，孩子往往会向父母要求很多。这时，父母一定要分析孩子是"想要"还是"需要"，并给孩子讲明这个道理，才能既不伤害孩子的自尊，又不助长孩子的虚荣心。同时，还能帮助孩子有效地抵抗诱惑。

父母要教孩子从平时想要买的小东西上入手，多思考自己真正需要的是什么，评估自己内心真正的需求。有没有东西是自己其实并不需要，但是别人都有了，自己也想要。它对自己到底有什么用？如果买了的话，自己要怎么用？这对孩子理性思维能力的培养和人生观、价值观的确立有不可忽视的影响。

对孩子的过分要求采取冷处理

面对孩子的过分要求，父母千万不可轻易满足孩子，否则只会助长孩子的虚荣心，降低孩子对诱惑的抵抗力。当孩子提出某些要求时，父母可以先了解孩子想购买该物品的动机，如果孩子只是想显示自己或与别的同学攀比，这时，父母可以对孩子的要求采取冷处理。即对孩子的要求不做任何回答，给孩子几天冷静期,等孩子确定这个物品是否真的需要后,再和孩子一起讨论是否需要购买。即便父母的观点孩子不能完全接受,孩子也不会轻易再向父母提出过分要求。父母也可借此机会对孩子进行深入教育,告诉孩子,其实孩子花的每一分钱都来之不易。当孩子明白了这些时,孩子对诱惑的抵抗力就会得到提升。

及时给女孩打攀比的"预防针"

有时候孩子会问父母这样一个问题:"爸爸(妈妈),你每个月的薪水是多少?"也许孩子只是随便问问,但是,父母却要警惕孩子因此去与别的孩子进行攀比。这时,父母应该怎样回答呢?也许很多父母会如实回答,也许有些父母会告诉孩子,"这不关你的事,别问""问别人的薪水是不礼貌的行为"。但这些都不是最合适的回答。

父母可以这样告诉孩子:"孩子,在回答你这个问题之前,我先告诉你,在这个世界上,有很多人比我们穷,也有很多人比我们更富有。虽然我们家的生活水平比一般的家庭要好一些,但是爸爸妈妈,还有你都要继续努力工作、努力学习,那样我们就会迈向更有质量的生活。"

这样回答就告诉了孩子:"比我们富有的人很多,只有通过努力学习、努力工作才能追上他们。"这样给孩子打一支"预防针",即使孩子问这个问题的目的是去和别人攀比,听了父母这样的回答,孩子也不会再去比了。这个回答还告诉孩子,"虽然我们的家庭不是非常富有，但比一般的家庭要好"，这样会使孩子因生活在这样的家庭里而感到自豪，同时增强了孩子的家庭责任感。

在孩子成长过程中会面临许多诱惑，父母需要正确对待孩子的攀比心理，及时引导，与之平等讨论，辨析利害关系，才能让孩子形成积极健康、有担当、远离盲目攀比的价值观，这是有益终身的事情。

如何引导青春期的女孩树立正确的审美观

青春期的女孩最怕别人说自己不漂亮。由于青春期带来的身体变化，女孩开始呈现出成年女性所特有的温柔、娇媚、和蔼、怕羞、喜欢打扮及好奇心强等现象，她们的爱美之心变得更加突出，更在乎自己的形象。她们认为漂亮的外表是本钱，在刻意追求视觉美的迷途中失去了自我。这是青春期女孩一种常见的错误审美观，父母应积极引导女孩树立正确的审美观。

父母应让女孩知道美貌不是人生的全部，它将随着青春的流失而消退，而内在的美丽将伴随女孩的一生。要让女孩明白美丽有着深刻的内涵，独特的气质和魅力能使女孩光彩照人、锦上添花。青春本身就是动人的，而自立、自信、自尊、自爱、高雅、文明、质朴，构建了女孩如彩虹般的美丽！这样的女孩，在任何时候、任何地方，都是一道亮丽的风景。

告诉女孩真正美的标准

父母要告诉女孩真正美的内涵，青春的自然美是最漂亮的，所谓"清水出芙蓉，天然去雕饰"。真正的美既要容貌气质、衣着打扮达到均衡和谐统一，又要外在美和心灵美的合而为一。据研究表明，人相貌的形成和变化，在一定程度上是受后天文化因素影响的，女孩应以广博的知识陶冶心灵，培养正确的审美观，从谈吐言行中显出智慧美、气质美，同时健康美也非常重要。

培养女孩良好的个性和气质

父母要帮助女孩认识自己，让女孩学会接受真实的自己。塑造女孩活泼的性格、善良的心灵、乐观的情绪、大方的举止、聪明的头脑、不卑不亢的言行，不因长相平淡而自卑，不为容貌出众而狂妄。告诉女孩不是因为美丽方可爱，而是因为可爱才美丽，使女孩懂得良好的个性和气质远比漂亮的外表更可贵。

提供具有女性化审美氛围的环境

父母要为女孩提供一个具有女性化审美氛围的环境，例如，父母可以引导孩子多接触女性艺术，学习茶艺、绘画、音乐、书法等，还可以让女孩进行女子健身、瑜伽等训练。符合女孩爱美心理的活动会引起她的兴趣，使她在特定环境中自然形成女性审美意识，从而树立正确的审美观。

女孩"早恋"，父母怎么办

父母如果发现孩子早恋了，尤其是家里的女孩，绝大多数

父母应该都会如临大敌吧，于是开始捕风捉影地监听孩子的电话，或偷看孩子的QQ、微信聊天记录等，甚至还对孩子的行为进行监视，给孩子贴上"早恋"的标签。可是这样做很容易让亲子关系淡漠疏远，甚至还会加重孩子的逆反心理，反而弄巧成拙，或许还让原本正常的交往弄假成真。不过，父母对孩子的细致观察和有效管理是必要的，如果发现孩子确实在"早恋"了，而且因为"早恋"而影响了孩子正常的生活、学习、健康成长，就要及时帮助孩子摆脱"早恋"带来的痛苦和烦恼。

正常看待

心理学家马斯洛人本主义理论的"需要层次理论"，通过三个层面为我们解释了青少年男女之间交往的必要：青春期阶段青少年出现了爱和归属感的需要，他们有了在"认知""生理"和"心理"的层面，去关注异性、了解异性、接触异性的需要。父母首先要理性地看待这件事，这是正常现象，不必过于担心。

对待孩子早恋，父母其实没什么大惊小怪的，每个大人也都是从那个年龄过来的，所以，不要过分担忧，需理性看待。总之，一旦孩子早恋，父母切不可一味地指责和辱骂，以免激怒孩子，使其逆反。处于人格形成过程中的孩子格外需要正向情感，父母应该和风细雨般地给予指导，而不是消极应对。

尊重隐私

父母要尊重孩子的隐私，不要私拆他们的信件及偷看日记。要加强沟通，经常与他们交心，做孩子值得信赖的朋友。很多父母在孩子疑似出现早恋问题后，偷偷看孩子的手机、日记，这种行为会引起孩子的强烈不满，没有尊重孩子，甚至伤了孩子的自尊心，只会让孩子更叛逆，也许会走上错误的道路。因此，父母无论在什么时候都要尊重孩子的隐私，想要了解孩子的生活，就应该好好陪伴，跟孩子多聊天。只有孩子放下防御心，才会跟父母谈心，说出内心的真实想法。

多陪伴孩子

这段时间，父母可以多陪伴孩子，多跟孩子聊天，听听孩子对"早恋"的看法。不要刻意地去"说教"，而应该鼓励孩子说出自己的想法，以一种平和的态度去对待。其实父母越是开放坦白地跟孩子谈青春期的事，才能越成功地帮助孩子打破"早恋"的神秘感。有的女孩因为美丽而受到个别不良用心之人的威胁而被迫早恋的情况已是屡见不鲜。当自己的孩子受到威胁时，父母理应站出来保护孩子！

鼓励孩子跟异性朋友交往

父母千万不要因为孩子跟异性朋友打电话、一起玩就保持一种虎视眈眈的态度，就像现在很多父母在孩子的学生时期不允许谈恋爱,但毕业后立马就催婚一样矛盾,如果不让孩子在青春期接触异性,那么孩子未来在人际关系交往方面就会缺乏这样的能力。所以,父母切忌阻挡孩子跟异性交往,反而应该鼓励孩子跟异性同学组建友谊。

与孩子探讨什么叫爱情

不要难以启齿,这是必须要谈的,因为孩子处于青春期,对异性充满着好奇,以为喜欢就是爱情。父母可以给孩子讲:"春天有春天的事情,不要把夏天的事情提前到春天来做,那样害处很多;如果对方真的很喜欢你,那他就应该为你着想,那你们就会共同前进,当所谓的"爱情"已经影响了你的生活、学习、升学等人生要义时,你就应该理智地止步了。"

加强性教育

如果孩子已经出现跟异性过密交往的情况,那么父母就要坦然地跟孩子讲交往过程中的注意事项,教育孩子管好自己的行为,预防性行为的发生。父母不要觉得跟孩子讲这种事很尴尬,现在信息这么发达,孩子获取这种信息的途径非常多,与其孩子自己去寻找,不如父母告诉孩子科学的性知识。

求助专业机构

如果孩子因早恋已经离家出走,且父母难以纠正时,应及时送孩子到专业的青少年心理辅导行为矫正机构,对其进行帮助,无论男孩女孩的离家出走都是极其危险的信号,特别是女孩,因女孩的离家出走而导致怀孕的事件已经比比皆是,如果任其发展,对孩子和家庭都会造成难以弥补的伤害。因此,如果已经到了此程度,父母就应该果断地将孩子送到专业机构进行心理疏导和行为矫正了。

如何教女孩把握好与异性交往的"度"

青春期是人生的花季,也是充满困惑的时期,男孩女孩之间的交往遇到各种各样的问题都是正常的。男女同学正常交往,有利于增进对异性同学的了解,扩大交往的范围,提高与他人

交往的能力；男女同学在一起学习交流，取长补短，可以提高学习效率；男女同学在性格、兴趣、志向等方面各有特点，互有优势，通过交往，可以相互影响、相互促进，从各方面完善自己，促进自己的全面发展。然而，如果女孩不能够把握男孩女孩之间交往的分寸，就很容易出现各种问题。

因此，父母应该特别提醒自己的孩子，与异性交往要注意的很多东西。

教育孩子与异性交往要自然适度

父母要教育孩子，在与异性交往的过程中，言语、表情、行为举止、情感流露及所思所想，要做到自然、顺畅，既不过分夸张，也不闪烁其词；既不盲目冲动，也不矫揉造作。消除异性交往中的不自然感是建立正常异性关系的前提。要像对待同性同学那样对待异性同学，像建立同性关系那样建立异性关系，像对待同性交往那样进行异性交往。同学之间的关系不要因为异性的加入和存在而变得不舒服或不自然。男女生交往要理智，注意自尊自爱，要文雅庄重，不过分亲昵，也不过分冷淡。

要注意交往的场所和方式

异性交往应该以在集体活动中交往为主要方式。因为集体活动的场所、气氛和方式更容易消除男女生交往中的羞怯感。集体交往的形式丰富多彩，例如：唱歌、游戏、竞赛等。单独进行异性交往要注意时间、地点、场合的选择。

告诉孩子要给自己留有余地

在交往过程中，言谈举止要留有余地，不能毫无顾忌。比如，谈话中涉及两性之间的一些敏感话题时要尽量回避，交往中的身体接触要把握好分寸，不要过于拘谨，更不应过分随便。男女毕竟有别，有些话题只能在同性之间交谈，有些玩笑不宜在异性面前乱开，这些都需要注意。

为女孩约法三章

父母可以和女孩约法三章，为女孩制订具体的规则：①放学后按时回家，不要单独与异性朋友约会，如有必要可让父母陪同；②可以和异性在公共场合相处，但要尽量避免私下接触；③学生时代应该以学习为主，如果收到男孩的情书，要么礼貌退回，要么交给父母或老师帮助处理。

女孩遭遇校园暴力时如何应对

一般在校园内，学生之间所面临的校园暴力分为三种：语言暴力、身体暴力、心理暴力。语言暴力通常是指学生经常用污言秽语对其他学生进行攻击，如辱骂、起外号等，从而产生矛盾。身体暴力指借助身体的优势打击比较弱小的同学，比如，殴打、人身伤害等。心理暴力指不断地用语言、行为等给其他同学造成精神或心理上的压力。对于饱受校园暴力困扰的学生而言，长期遭受暴力凌欺会对受害者造成心理问题，影响其健康，甚至影响其人格发展。一般校园霸凌、校园暴力在初中阶段最为严重，到高中后逐渐减少。

但是很多时候，孩子遭遇了校园暴力，有的屈服于暴力，不敢跟父母或老师说出来；有的因为自身性格的原因，也选择了默默承受。此时父母有必要从一些细节中判断孩子是否有可能遭遇校园暴力：

①孩子有过激行为，比如，自残或者剪自己的头发，甚至不明原因地离家出走。

②孩子突然远离一些朋友，或者突然不想参加集体活动。

③孩子在最近这一段时间突然特别讨厌上学或者是学习成绩突然下降。

④孩子突然不吃饭或者是突然暴饮暴食。

⑤孩子最近一段时间总是做噩梦或者总是睡不着。

⑥孩子有多次装病的情形，但是又不愿意去医院查看或者去了医院又查不出来什么问题。

⑦孩子书包里或者身上的东西总是无缘无故地损坏或者是不见了。

⑧孩子身上的小伤痕总是不间断，父母问孩子原因的时候，孩子解释不清，表述的时候又支支吾吾。

如果发现孩子身上出现以上情况，父母有必要和孩子做深入沟通，或者联系孩子的朋友、老师了解情况，及时为孩子排忧解难。

当孩子遭遇群体性校园暴力时，父母要与校方积极沟通，事态严重的情况下，甚至可以寻求警方帮助。对于孩子，父母应加强对孩子自身的安全意识教育，慎重交友、远离是非、安全自护。

如果孩子在学校里遭遇欺凌或暴力，父母万不可抱着"大事化小，小事化了"的态度，更不要抱有"小孩子打闹无所谓"这种想法，当发现校园暴力发展到人身伤害等严重阶段的时候，父母需要及时留存证据、报警、进行身体检查、司法鉴定和依法维权，千万不能冲动行事，在必要的情况下，甚至可以给孩子申请休学、转学或寻求专业心理咨询机构的帮助。

当孩子遭遇个体性校园暴力时，父母应与孩子沟通，与校方配合寻求解决方案。同时孩子对待事物、对待他人侵扰的态度往往与父母的言传身教息息相关，父母应教导孩子积极应对，勇于拒绝暴力，在适当的情况下予以反击，以树立孩子的自信心，增强其勇气。

校园暴力的类型越来越多，还在于父母能否正确引导孩子去积极地沟通和正确地应对。